小学 5・6 年生対象

中学受験 理科

地頭の良い子に勝つ
17 日間の授業

「理科は苦手、嫌い、無理」という人へ！

東　荘一【著】

「理科は苦手、嫌い、無理…」という人へ！

同じ授業なのに、地頭の良い子が点差をつけるのはなぜ？

それは、授業中に**要点**を感じとってしまうから。塾で授業をしながら様子を見ていると、点を取る生徒は必ず重要な部分をメモします。

要点が分からない生徒にとって、家で質問できればベストなのですが、算数が得意な保護者でさえ、**理科はさっぱり**というケースが多いようです。生物・地学・物理・化学が範囲ですから、無理もありません。

生徒A　生徒B　生徒C　保護者

ところで、要点とは何かというと、もちろん「点を取るためのポイント」。じっさい、私の授業では**得点するための最重要ポイント**だけを伝えるため、担当するクラスの偏差値が上位クラスを上回りますし、最上位クラスの生徒に伝えれば無敵になってしまいます。

その授業をまとめたのが本書です。多くのセンパイたちが、結果を証明してきた内容ですから、あっという間に**苦手意識は消え去ってしまう**ことでしょう。

目標はあくまでも、**地頭の良い子に勝つ**ことですよ！

目 次

第1章

偏差値アップの勉強法

全体を通してもっとも重要なことは、「学習の3段階」を理解すること。なぜならば、**得点するための学習方法はテーマによって異なる**からです。

別の言い方をすると、点を取るためには**順番**がある、ということになります。ひたすら参考書や問題集を覚えようとする人を見かけますが、非効率もはなはだしい。**受験当日までの時間は限られている**のですよ。

まずは、テーマによって得点につながる学習方法が違うことだけ、覚えておいてください。これから少しずつ、具体的に説明していきます。

【学習の段階】

```
1. 単純に覚える
```

```
2. 仕組みを理解する
```

```
3. 練習して身につける
```

【テーマによって異なる勉強法】

- ◎ 単純に覚えるだけで、得点できるテーマ
- ◎ 仕組みの最重要ポイントを、理解しなければならないテーマ
- ◎ さらに、正解する練習を重ねて、身につける必要があるテーマ

1 理科は暗記科目ではありません

「理科は暗記科目」と考えている人は多いのですが、むしろ**覚えるだけ
で得点できるテーマは少ない**といえます。理科が嫌いな人は、参考書や
問題集を覚えなければと思うため、うんざりしてしまうのでしょう。

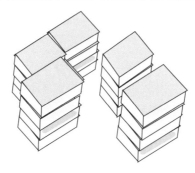

もちろん、単純に覚えさえすれば、点を取れるテーマも存在します。そ
の場合は、**最も効率よく覚えたい**ものですね。第3章に「覚えかた」
を整理しましたので、すき間の時間をみつけて暗記してください。

17日間の授業
（第2章）

1. 単純に覚える

2. 仕組みを理解する

3. 練習して身につける

暗記テーマの覚えかた
（第3章）

1. 単純に覚える

2 「ふりこ」の例

力学の「ふりこ」を例にして、考えてみましょう。

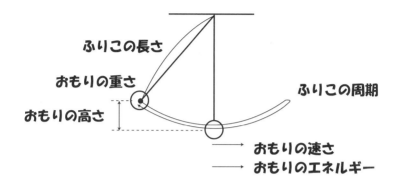

おもりを糸でつるしただけですから単純なようですが、本番で合格点を取るためには「学習の3段階」が必要となります。

【学習の段階】

1. 単純に覚える

2. 仕組みを理解する

3. 練習して身につける

◎ ふりこの長さ：固定した点からおもりの重心までの長さ
◎ ふりこの周期：1往復するのにかかる時間

第1段階で覚えるのは以上ですが、「**ふりこの長さ**」「**おもりの重さ**」「**おもりの高さ**」と、「**ふりこの周期**」「**おもりの速さ**」との**関係を理解**していなければ、短い時間で正解することはできないのです。

そもそも、「ふりこの長さ」「ふりこの周期」の意味を問われることはないし、本番で次のような問題に時間をかけるわけにはいきません。

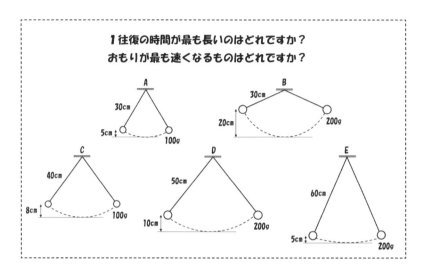

基本問題を短時間で正解するためには、**仕組みの最重要ポイント**を理解しなければなりません。それが第 2 段階です。

下図の「A と C」で、おもりは止まっています。下にいくほど速くなっていき、おもりが最も速くなるのは「B」であることを納得してから、次に進んでください。

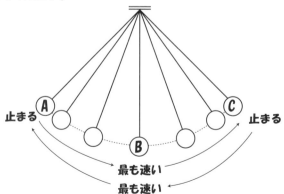

ブランコに乗ったときのことを、思い出してくださいね。

ふりこの問題では、**「目くらまし」に注意**が必要です。さまざまな「長さ」「重さ」「高さ」の組み合わせがあるものの、まとめてしまうと関係は3つだけとなります。

【学習の段階】

1. 単純に覚える

2. 仕組みを理解する

3. 練習して身につける

【仕組みの最重要ポイント】

◎ ふりこの**周期**は、ふりこの**長さ**だけで決まる。

◎ おもりの**速さ**は、おもりを手から離す**高さ**だけで決まる。

◎ おもりの**パワー**は、おもりの**重さ・速さ（高さ）**で決まる。

これは「覚えること」のように感じるかもしれませんが、じつは違うのです。力学としての最重要ポイントなのですから、完全に理解し納得してください。本番では、わずかな迷いも許されません。

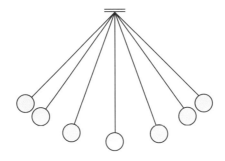

そのために最も有効な方法は、じっさいに実験して確かめてみることでしょう。身のまわりにあるモノで確認すると、その法則が明らかになりますし、カラダにしみこむはずです。

ふりこの周期は変わらない！

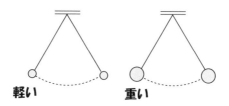

おもりの重さを変えても、1往復する時間は変わりません。

ふりこの周期は変わらない！

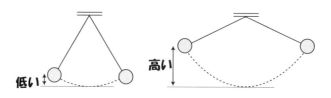

おもりを手から離す高さを変えても、やはり1往復の時間は同じ。

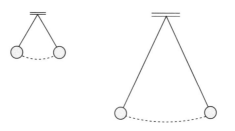

そして、ふりこの長さを変えると、周期が大きく異なるはずです。あまりの違いに、ビックリしてしまうことでしょう。

いっぽう、おもりの速さは、目で見ても違いが分からないかもしれません。**速さに関する関係**は、実験に加えて頭でも考えてみましょう。

重さが違っても周期は同じだから

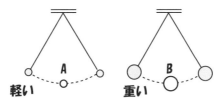

軽い　**重い**

⇒ **1往復の時間は同じ**
⇒ **1往復する距離も同じ**
⇒ **A と B の速さは同じ**

おもりの重さが変わっても、1 往復の時間と距離が同じなので、速さは同じということが分かります。

高さが違っても周期は同じということは・・・

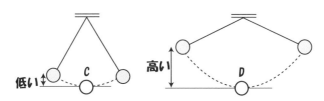

低い　**高い**

⇒ **1往復の時間は同じ**
⇒ **1往復する距離は右図のほうが長い**
⇒ **速くなければ、同じ時間で長い距離を進めない**
⇒ **C より D のほうが速いはず！**

高いところで手を離すと、同じ時間で長い距離を進むのだから、スピードは速いはずです。つまり、次のような結論となります。

◎ おもりの重さを変えても、周期は変わらない。

　　→ 1 往復の時間と距離が同じなので、速さは同じ。

◎ おもりの高さを変えても、周期は変わらない。

　　→ 同じ時間で長い距離を進むから、高いほうが速い。

おもりのパワーが大きいと、当てられた物体は遠くまではじかれます。重いほど、速い（高い）ほどパワーが大きいことは、分かりやすいのではないでしょうか。

重いほどパワーが大きい

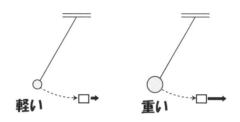

速い（高い）ほどパワーが大きい

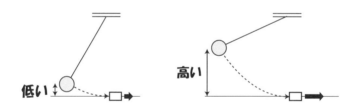

「重いほど」「速い（高い）ほど」おもりのパワーが大きいことは、おもりが落ちてくる状態を想像すれば、簡単に納得できますね。

あとは**同じ考え方で**問題に向き合い、速く正解する練習をします。最重要ポイントを理解しているため、効率はアップするはずです。

【学習の段階】

1. 単純に覚える

2. 仕組みを理解する

3. 練習して身につける

あらためて、最初の問題を考えてみましょう。**「周期は長さ」「速さは高さ」**だけ、**指さし確認**しながら進めてください。

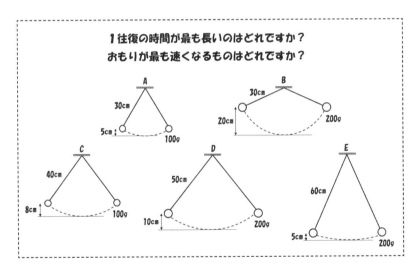

周期は「長さ」だけで決まるので、長い順は「E ＞ D ＞ C ＞ A＝B」。最も長いのは、E です。

速さは「高さ」だけで決まるので、速い順は「B ＞ D ＞ C ＞ A＝E」。最も速いのは、B です。

「なるべく簡単に点を取りたい」という人へ！

さいごに、ぶっちゃけ、**点だけ取る方法**を伝えておきます。

問題用紙が配られたら、白い部分に１分で次のように記入してください。
あとは、指さし確認だけ……

◎**周期は長さ　速さは高さ　パワーは重さ・速さ（高さ）**

第２章の「ふりこ」に続きます。

3 最も効率よく偏差値をアップする方法

中学受験の理科で、偏差値に最も大きく差がつくのは、以下のテーマとなります。苦手な人は、まったく手が出ず得点できないのです。

ここで重要なことは、必ずしも**得意である必要はない**ということ。**苦手でさえなければ、合格点を取ることができる**わけです。要するに、正しい順番で、第3段階まで練習したかどうかなんですね。

【学習の段階】

```
┌─────────────────────────┐
│ 1. 単純に覚える          │
└─────────────────────────┘
         ↓
┌─────────────────────────┐
│ 2. 仕組みを理解する      │
└─────────────────────────┘
         ↓
┌─────────────────────────┐
│ 3. 練習して身につける    │
└─────────────────────────┘
```

【偏差値に最も大きく差がつくテーマ】

◎ 物理（電気）：電気回路、電熱線、磁力線、電磁石
◎ 物理（力学）：てこ、輪軸、かっ車、ばね、ふりこ、浮力
◎ 地学（天体の動き）：太陽、月、星
◎ 化学（化学計算）：中和、溶解度

上のテーマを、**苦手な順番**に並べてください。そして、最も苦手なテーマから始めて、順番に**苦手でなくしていく**こと。それが、最も効率的な「偏差値アップの勉強法」です。

なお、偏差値に差がつくテーマのうち、本書では次の項目を授業として取りあげました。

> ◎ 物理（電気）の基本すべて
> ◎ 物理（力学）のうち、「ばね」「ふりこ」「浮力」
> ◎ 地学（天体の動き）のうち、「太陽の動き」
> ◎ 化学（化学計算）の基本となる、「水溶液の覚えかた」

地学（天体の動き）は、**「太陽 → 月 → 星」の順番で学習するのがベスト**であり、本書は天体の基本を固めるために欠かせないはずです。

「物理（力学）：てこ、輪軸、かっ車」「地学（天体の動き）：月、星」「化学（化学計算）：中和、溶解度」は、「地頭の良い子に勝つ最後の授業【伝家の宝刀】力学・天体・化学計算の解法」で解説しました。

2 冊の図書で取り上げていないテーマや、主要な演習問題については、ホームページで解説しています。以下のサイトを活用しながら、必要な部分を強化してくださいね。

中学受験 理科 偏差値アップの勉強法
https://rikanojugyou.com

第2章 17日間の授業

第1章のポイントは、**「得点するための学習方法はテーマによって異なる」**ということでした。そのうち、単純に覚えてしまえば得点できるテーマについては、第3章に整理しています。

もちろん第2章のテーマにも、第1段階として覚えるべき項目はありますが、それに加えて**「仕組みの最重要ポイント」**を理解しなければなりません。

さらに、**テーマによっては第3段階（正解する練習を重ねる）の学習も必要**なので注意してください。これから授業で、テーマごとに具体的な説明をしていきますね。

<table>
<tr><td>17日間の授業
（第2章）</td><td>暗記テーマの覚えかた
（第3章）</td></tr>
<tr><td>1. 単純に覚える</td><td>1. 単純に覚える</td></tr>
<tr><td>2. 仕組みを理解する</td><td></td></tr>
<tr><td>3. 練習して身につける</td><td></td></tr>
</table>

【第2章のテーマでは……】

◎ 単純に覚えることに加えて、

◎ 仕組みの最重要ポイントを理解しなければならない。

◎ テーマによっては、正解する練習を重ねて身につける必要がある。

▶▶ 【1日目】地学（地層の対比）

地学のなかでも、「地層の対比は嫌い」という生徒が多いようです。このテーマを最初にした理由は、ほんの少し時間を使えば、あっという間に苦手意識が消え去ってしまうからです。

しかも、特に覚えること（第1段階）はなく、**「仕組みの最重要ポイント」**として、**たった2つを理解するだけ**。次の問題を解いていきます。

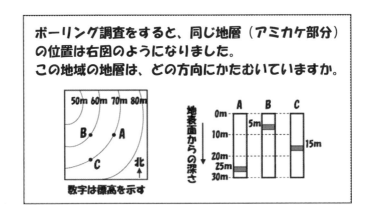

【学習の段階】

1. 単純に覚える

2. 仕組みを理解する

3. 練習して身につける

問題の中に分からない言葉があれば、調べておいてください。それで第1段階は終了です。さっそく、第2段階へと進みましょう。

基本問題を短時間で正解するためには、**仕組みの最重要ポイント**を理解しなければなりません。それが第2段階で、「地層の対比」の最重要ポイントは以下の2つです。

【学習の段階】

1. 単純に覚える

2. 仕組みを理解する

3. 練習して身につける

【仕組みの最重要ポイント】

◎ ステップ1：すべて**標高**で考える。

◎ ステップ2：**東西と南北**を、**べつべつ**に考える。

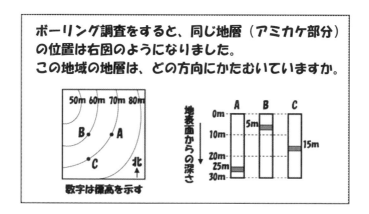

ボーリング調査をすると、同じ地層（アミカケ部分）の位置は右図のようになりました。
この地域の地層は、どの方向にかたむいていますか。

まずは、ステップ1です。問題の中には、「標高」と「地表面からの深さ」という2つの考え方が混ざっているため、すべてを**標高に統一**して考えていきます。

左図から A 地点・B 地点・C 地点の地表面は、それぞれ**標高**が 70m・60m・70m ですから、その値を右図に書きこみます。

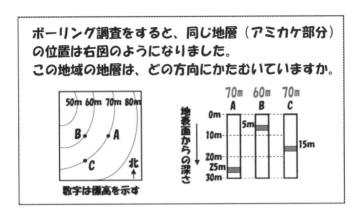

次は、各地点における地層の位置を考えます。右図を見ると、A 地点の地層は地表面（標高 70m）から 25m 下にあることが分かります。つまり、地層の位置は、**標高 45m**（70m − 25m）。

この値（45m）を、右図の A 地点における地層の位置に書きこみます。同時に、左図の A 地点にも、指定された地層の標高として書きこんでおきましょう。

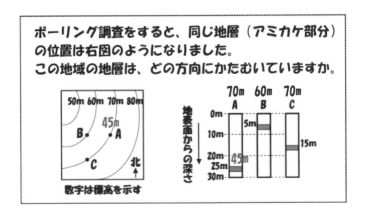

同じように考えると、B地点の地層は、地表面（標高60m）から5m下にあるので、地層の位置は**標高55m**（60m − 5m）。C地点の地層は、地表面（標高70m）から15m下にあるので、地層の位置は**標高55m**（70m − 15m）です。これらを、右図と左図に書きこみます。

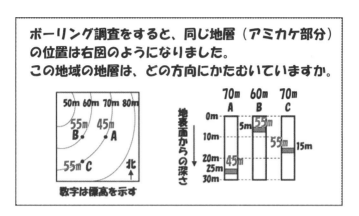

これでステップ1は完了し、すべてを標高で考えることができるようになりました。次のステップ2では、左図を使います。

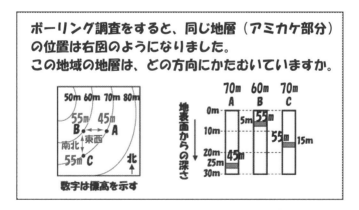

まず、**東西**から考えてみましょう。A地点（東）の地層は標高45m、B地点（西）の地層は標高55mの位置にあることが分かりますね。つまり、東にいくほど地層は下向きに傾いていることが分かります。

次は、**南北**です。Ｃ地点（南）の地層は標高 55m、Ｂ地点（北）の地層も標高 55m の位置ですから、南北には傾いていませんでした。

答えは、**「西から東にいくほど地層は下向きに傾いており、南北の方向には傾いていない。」** となります。

問題で与えられた図を利用しながら、2 つのルールを守って考えれば、簡単に解くことができるわけです。このテーマは、第 1 段階（覚える）がほとんどなく、少しだけ第 3 段階（練習して身につける）の学習をすれば、完了してしまいますね。

「人体の血液循環」における学習の第１段階では、臓器の名前に加えて、「血管」「血液」の名前が何を基準にして決まっているのか、知っておく必要があります。

結論をさきに述べてしまうと、「血管の名前」は**心臓を中心**にして決まり、「血液の名前」は**血液に含まれる成分**で決まるわけですね。

血管と血液の名前は、**異なる基準**で決まりますから、「動脈」の中を「動脈血」が流れているとはかぎらない点に注意してください。

【学習の段階】

```
１. 単純に覚える
```
```
２. 仕組みを理解する
```
```
３. 練習して身につける
```

◎ 動脈：心臓から血液が出ていく血管

◎ 静脈：心臓に血液がもどる血管

◎ 動脈血：酸素が多く、二酸化炭素の少ない血液

◎ 静脈血：酸素が少なく、二酸化炭素の多い血液

「動脈と静脈」「動脈血と静脈血」をカンペキに覚えたところで、具体的な問題に向きあってみましょう。

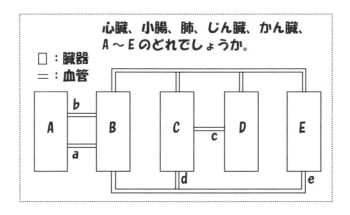

「血液循環」では、単純に血液の流れだけを追うのではなく、血液の基本を理解しておかなければなりません。仕組みの最重要ポイントは**「血液の役割」「血液と酸素」「血液と栄養」**、これが第2段階です。

【学習の段階】

> 1. 単純に覚える

> 2. 仕組みを理解する

> 3. 練習して身につける

【仕組みの最重要ポイント】

> ◎ 血液の役割：全身の細胞に、「酸素と栄養」を届ける。
>
> ◎ 血液と酸素：肺で「酸素の多い血液」にして心臓にもどす。
>
> 　　　　　　　　→ 心臓と肺の間には、専用の道（往復）がある。
>
> ◎ 血液と栄養：「かん臓」で栄養を保管し、血液に追加する。
>
> 　　　　　　　　→ 小腸から「かん臓」に、一方通行の道がある。

【血液の役割】

> ◎ 全身の細胞に、**酸素と栄養を届ける**のが血液。
> ◎ 心臓はポンプで、**酸素や栄養を血液に加える機能を持たない**。
> ◎ 血液は心臓から送られ、全身の細胞から心臓にもどる。

たとえ寝ていても、生きるためにはエネルギーが必要です。そのエネルギーを作るのは、全身の細胞。「酸素と栄養」を材料にして24時間365日、休むことなく働き続けます。

材料の**酸素と栄養を、細胞に運び続けるのが血液**。そのために、心臓はポンプとして動き続け、常に血液が体中を流れている状態を保つわけです。血液の流れは、「心臓 → 全身の細胞 → 心臓」の順となります。

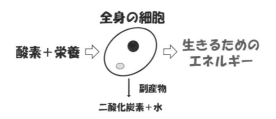

生きているかぎり、エネルギーの材料である「血液中の酸素と栄養」は減り続け、逆に二酸化炭素は増え続けます（「内呼吸」と呼ぶ）。心臓はポンプですから血液の流れを生み出すのみ、それならば**酸素と栄養を血液に追加するのは誰**なのか。

【血液と酸素】

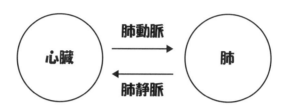

専用の道（往復）

心臓　→肺動脈→　肺
肺静脈←

> ◎ 心臓にもどった「酸素の少ない」血液を、まず肺に送る。
> ◎ 肺で「酸素の多い」状態にした血液を、心臓にもどす。
> ◎ 血液の流れは、心臓と肺の間にある専用の道（往復）。

全身の細胞から心臓にもどった血液は、酸素が少なく二酸化炭素の多い「**静脈血**」と呼ばれる状態。ふたたび全身へと送る前に、血液をキレイ（**動脈血**）にしなければなりません。その役割をはたすのが肺です。

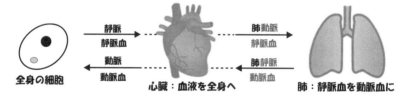

静脈＝心臓にもどる血管　　静脈血＝酸素が少なく二酸化炭素が多い
動脈＝心臓から出る血管　　動脈血＝酸素が多く二酸化炭素が少ない

全身の細胞　　静脈／静脈血→　　心臓：血液を全身へ　　←肺動脈／静脈血　　肺：静脈血を動脈血に
　←動脈／動脈血　　　　　　　　肺静脈／動脈血→

「肺動脈」「肺静脈」は、心臓と肺の間に設けられた**専用の通路（往復）**です。「静脈血」が「肺動脈」を流れ、「動脈血」が「肺静脈」を流れることに注意してください。このような入れちがいは、心臓と肺の間だけで起こることです。

【血液と栄養】

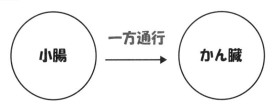

◎ 小腸で吸収した栄養は、かん臓ですべて保管する。

◎ 血液中の栄養が少なくなると、かん臓が栄養を追加する。

◎ 血液の流れは、「小腸 → かん臓」の一方通行。

寝ていても呼吸をするのに、食べながら寝る人はいませんね。全身の細胞は、酸素と栄養を 24 時間 365 日つねに必要とするので、誰かが血液に栄養を補給し続けなければなりません。

その役割をはたすのが、**かん臓**。寝ているときも働き続けます。血液中の栄養が足りなくなると、たくわえておいた栄養を血液に追加するわけです。そのためには、栄養をもれなく「かん臓」に集める仕組みが必要となります。

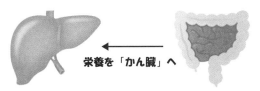

かん臓：栄養を保管　　　　　小腸：栄養を血液へ

栄養を吸収する**小腸**を出発する血液は、すべて「かん臓」に向かいます。別の言いかたをすると、**小腸から心臓に血液がもどる道はありません。**そのような臓器は小腸だけで、小腸から「かん臓」に向かう**一方通行**の道があるのみです。

最初の問題にもどりましょう。

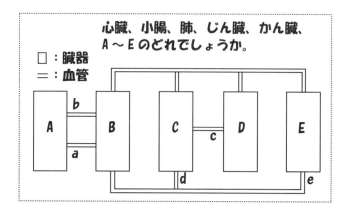

【解答】

◎ 往復の専用通路を持つのは「AとB」。全身に血管が通じている **B** が心臓で、**A** は肺。

◎ **C** と **D** の間は一本道。心臓にもどる道のない **D** が小腸、**C** は「かん臓」。残る **E** は「じん臓」。

さらに詳しく、図の意味を考えてみます。

【1】

D（小腸）の上にある血管は動脈のはずだから、B・C・D・Eの上側にある血管が **動脈** で、下側にある血管は **静脈**。

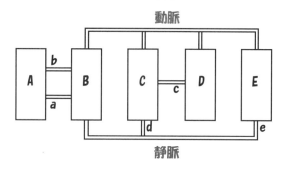

【2】

a は肺動脈で、肺によって血液をキレイにする直前のため、**血液中の酸素は最も少なく、二酸化炭素が多い場所。**

b は肺静脈で、血液が肺によってキレイになった直後のため、**血液中の酸素は最も多く、二酸化炭素が少ない場所。**

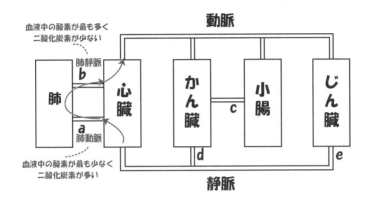

【3】

小腸で栄養を吸収するため、c は**食後の栄養分が最も多い場所。**
栄養が足りなく（空腹に）なった血液に、「かん臓」が栄養分を補給するのだから、d は**空腹のときに最も栄養分が多い場所。**

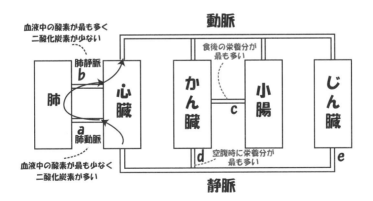

【4】

じん臓は、二酸化炭素以外の不要物を取り除く臓器なので、e は**二酸化炭素以外の不要物が最も少ない場所**。

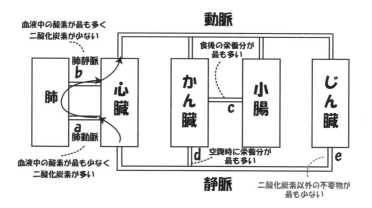

ちなみに、心臓が備える 4 つの部屋（右心房、右心室、左心房、左心室）のうち、全身に血液を送り出すのは左心室。他の部屋よりも強い圧力がかかるため、**最もかべが厚いのは左心室**です。

以上と同じ考え方で、他の問題でも正解する練習を行って、第 3 段階を完了してください。

▶▶【3日目】物理（力学：ふりこ）

第1章の「ふりこ」で大事な部分をほとんど終えましたので、今回は補習授業となります。

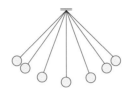

第1段階で覚えたのは、以下の内容でした。「ふりこの長さ」と「ふりこの周期」との関係について、もう少し深く考えてみましょう。

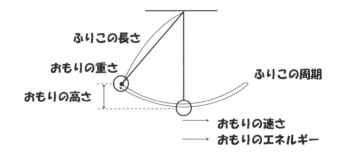

【学習の段階】

1. 単純に覚える

2. 仕組みを理解する

3. 練習して身につける

◎ ふりこの長さ：固定した点からおもりの重心までの長さ
◎ ふりこの周期：1往復するのにかかる時間

まずは、次の問題を解いてみてください。

ふりこの長さ（cm）	25	50	75	100	X	225	400	625
周期（秒）	1	1.41	1.73	2	2.82	3	Y	Z

図 1

100cm　75cm

(1) 表を使って、図 1 のふりこの周期を求めましょう。

(2) 表の X・Y・Z を、うめましょう。

(3) 周期が 1 分のふりこ。長さは？

最初の問題は、長さと周期の基本を問うものです。1 往復の流れを追うと、次のような組み合わせ（長さ 100cm と 25cm）となります。

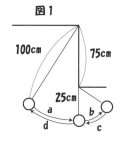

図 1

100cm　75cm　25cm

長さ 100cm のふりこは「a と d」、長さ 25cm のふりこは「b と c」の部分で、それぞれが 1 周期の半分にあたることが分かります。

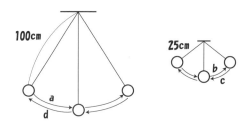

表から、長さ 100cm のふりこの周期は 2 秒、長さ 25cm のふりこの周期は 1 秒なので、答えは「1.5 秒 $\left(2 秒 \times \dfrac{1}{2} + 1 秒 \times \dfrac{1}{2}\right)$」です。

次の問いは、ふりこの「長さ」と「周期」の関係を問うものです。正比例や反比例でないとき、**平方数**の存在も思い出してください。

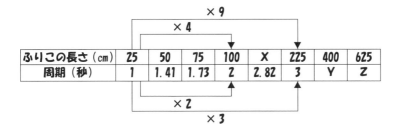

周期が2倍・3倍になるのは、長さが4倍（2×2倍）・9倍（3×3倍）のときですね。つまり、長さは「周期の平方数」に正比例していることになります。

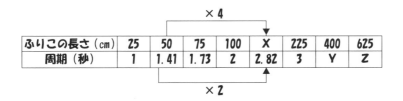

周期の「2.82」は「1.41」の2倍ですから、Xは「50」の4倍（2×2倍）で「200」となります。

ふりこの長さ (cm)	25	50	75	100	X	225	400	625
周期 （秒）	1	1.41	1.73	2	2.82	3	Y	Z

× 2.82

ここで、上図のように考えると、「198.81（25×2.82×2.82）」で不正解となりますから、注意してくださいね。

×4

ふりこの長さ（cm）	25	50	75	100	X	225	400	625
周期（秒）	1	1.41	1.73	2	2.82	3	Y	Z

×2

長さ「400」は「100」の 4 倍（2 × 2 倍）なので、Y は「2」の 2 倍で「4」
となります。同じように、長さ「625」は「25」の 25 倍（5 × 5 倍）
ですから、Z は「5（1 × 5 倍）」です。

×25

ふりこの長さ（cm）	25	50	75	100	X	225	400	625
周期（秒）	1	1.41	1.73	2	2.82	3	Y	Z

×5

最後の問題は、周期 1 秒の長さが 25cm であることから、周期 1 分（1
秒 × 60 倍）だと、900 メートル（25cm × 60 × 60）ですよね。

▶▶ 【4日目】物理（力学：ばね）

ふりこは**運動**を問われるテーマであるのに対して、ばねは**つりあい**を考える力学テーマといえます。

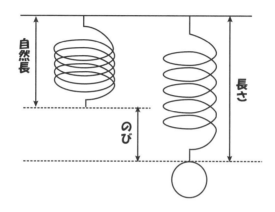

計算問題ですから、もちろん3段階すべてが必要となります。単純に見えますが、第1段階でさえ落とし穴があるので注意してください。

【学習の段階】

> 1. 単純に覚える

> 2. 仕組みを理解する

> 3. 練習して身につける

【基本的な知識】

◎ 長さ：自然長 ＋ のび
◎ のび：「加わる力」に正比例

最初の落とし穴が、**はやとちり**。問題で**『長さ』**を質問しているのに**『のび』**を答えたり、その逆だったり、注意が必要です。

「ばねののび」は「加わる力」に正比例するので、10g で 1cm のびるばねは、20g で 2cm、30g で 3cm のびます。「長さ」を質問されているなら、「のび」に「自然長」を加えることを忘れないでくださいね。

次の落とし穴は、**「加わる力」**という部分。

ばねに加わる力は何 g でしょうか？

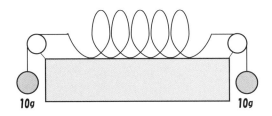

「10g + 10g だから、加わる力は 20g。」と答える人も多いのですが、**両側を同じ力で引きあう**から、ばねは「**つりあって**」じっとしているのですよ。つまり、加わる力は 10g ということになります。次の問題は、どうでしょうか。

図1〜図4の、ばねAとBに加わる力は？

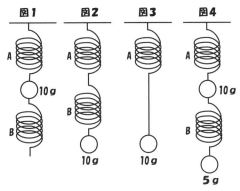

図1～図4の、ばねAとBに加わる力は？

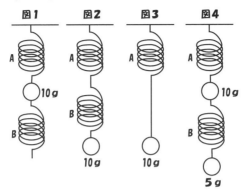

図3は、Aに10gの力が加わっています。図1・図2ともに、Aだけを見れば図3のAと置き換えても同じです。つまり、図1・図2・図3のAには、いずれも10gの力が加わっています。

図1のBに加わる力はゼロで、図2のBに10gが加わっていることは分かりやすいでしょう。図4のA・Bは、次のように見てください。

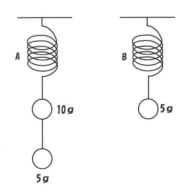

図4のAには、直接つながっている10gのおもりと、ばねBを通じて5gもつながっています。よって、ばねAに加わる力は15g。図2と同じように見れば、ばねBに5gの力というのは分かりやすいですね。

第 1 段階の最後に知っておきたいことは、ばねを半分に切った場合です。10g の力で 1cm のびるばね（自然長 10cm）を半分に切って、長さ 5cm にしたものに 10g の力を加えると、何 cm のびるでしょうか？

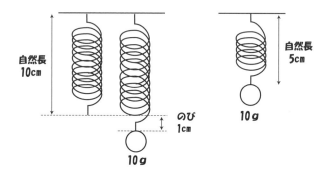

答えは 0.5cm なのですが、下図のように考えましょう。さきほどの図 2 と同じパターンで、半分のばねに、それぞれ 10g の力が加わっていることになるはずですね。

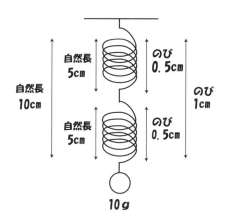

半分のばね（長さ 5cm）が、それぞれ 0.5cm のびることによって、全体として 1cm のびたことになりますね。半分に切ると、ばねが弱くなって、同じ力（10g）で 2 倍（2cm）のびるような気がしてしまいますが、そうではありませんので気をつけてください。

第2段階で理解すべき**仕組みの最重要ポイント**は、2つあります。

【学習の段階】

```
1. 単純に覚える
```

```
2. 仕組みを理解する
```

```
3. 練習して身につける
```

【2つのばねを比べる視点】

◎ 直列つなぎ：同じ「力」による「のび」の比率で考える。

◎ へい列つなぎ：同じ「のび」となる「力」の比率で考える。

10gの力で、ばねAは1cm、ばねBは2cmのびます。
全体の「のび」が9cmになるとき、おもりの重さは？

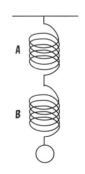

この場合、ばねAとBには同じ力が加えられています。同じ「力」による「のび」の比率は「A：B＝1：2」です。全体の「のび」が9cmということは、それぞれの「のび」は「Aが3cm」で「Bが6cm」。

答えは30gで、このときAは3cm、Bは6cmのびます。

下図は、同じばね A を、へい列につないでいます。30g のおもりが棒の中央にあるので、各ばねに 15g ずつ力が加えられることになります。ばね A は、10g で 1cm のびますから、ともに 1.5cm のびるはずですね。

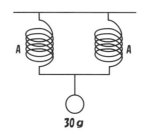

次は、異なるばねを「へい列」につないだ場合です。ばねの「へい列」問題は、おもりを下げる棒が水平となっている場合がほとんどで、このとき各ばねの「のび」は同じということになります。

10g の力で、ばね A は 1cm、ばね B は 2cm のびます。
棒が水平になるときの「X：Y」と、ばねの「のび」は？

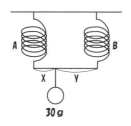

ここで必要となるのが、最重要ポイント（へい列つなぎ）です。

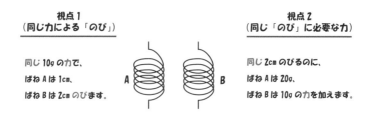

今回の問題では、同じ「のび」だから棒は水平、よって上の視点 2 を使います。

10g の力で、ばね A は 1cm のびるので、20g で 2cm。同じ「2cm」のびるのに、力の比率は「A：B ＝ 2：1」です。別の言いかたをすると、ばねに加わる力の比率が「A：B ＝ 2：1」となれば、棒は水平を保つということ。

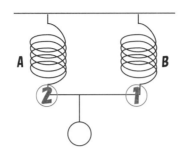

そのためには、おもりを左から「1：2」の位置にすれば良いことになります。「てこ」の考え方との組み合わせですから、よく考えてくださいね。

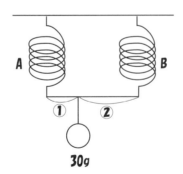

30g のおもりを上図の位置にすれば、A に 20g、B に 10g かかり、ともに 2cm のびて棒は水平になります。

以上のポイントを充分に理解して、同じ考え方で第 3 段階（問題演習）を行ってください。

▶▶ 【5日目】物理（力学：浮力）

次の例題は基本問題ですから、本番なら 5 分以内で正解しなければなりません。

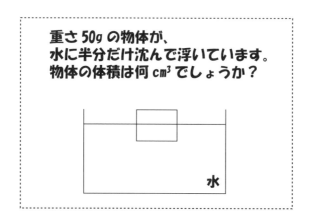

「浮力は苦手……」という人にかぎって、学習の第 1 段階さえ完了していないようです。必ず覚えなければならないことは、覚えましょうね。問題は、**何を覚えるのか**です。

授業中に浮力のテーマが登場したときは、必ず生徒に聞いてみます。

「ところで、浮力って、**要するに**何のこと？」

即答できなければ、アウト！

浮力が何なのか答えられないのに、本番で浮力の問題に正解できるはずがありません。顔を洗って、出直しましょう。

【学習の段階】

1. 単純に覚える

2. 仕組みを理解する

3. 練習して身につける

◎ 「浮力」とは、物体がおしのけた液体の重さ。

これは**アルキメデスの原理**なので、とにかく覚える。なぜそうなるのか、大学生にも答えられないので、理解する必要はありません。

「浮力とは、物体がおしのけた液体の重さ」、これを**2秒**で言えるようになること。たったそれだけで、浮力の第1段階は完了です。

アルキメデスの原理を2秒以内で言えるようになっても、問題を解くことはできませんよ。次に待っているのは、第2段階。**得点につながる最重要ポイント**を理解しなければなりません。

浮力の最重要ポイントは、「浮力とは、物体が**おしのけた**液体の重さ」のうち、「おしのけた」とは何なのかということです。

【学習の段階】

1. 単純に覚える

2. 仕組みを理解する

3. 練習して身につける

【「おしのけた」とは？】

◎ 物体が液体に沈んでいる部分の体積

= 水面より下にある物体の体積

= 要するに、**物体が液体につかっている部分の体積**

「浮力とは、物体が液体につかっている部分に、もともとあった液体の重さ」。ここで分からなくなってしまったら、おしまいです。

「**物体の体積**」「**物体の重さ**」「**液体の体積**」「**液体の重さ**」のうち、何がどう浮力に関係するのか、**頭の中を完全に整理**しなければなりません。

ここに、ある物体を糸にぶらさげているとしましょう。

物体を、すこしだけ液体につけると、つかっている分だけあふれます。この、「物体がおしのけた液体の重さ（こいアミカケ）」が浮力です。

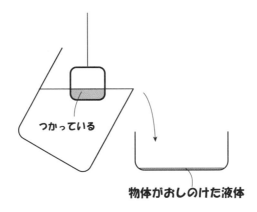

物体を、すべて液体につけると、つかった分だけあふれます。この、「物体がおしのけた液体の重さ（うすいアミカケ）」が浮力です。

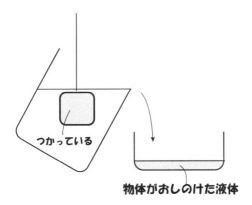

物体の重さを A とします。液体にどれだけつかっても、もちろん物体の重さは変わりません。物体にはたらく浮力を比べてみましょう。

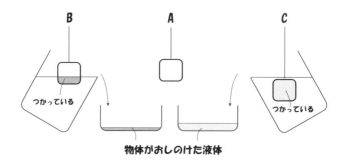

物体がおしのけた液体

上図の左は、少しだけつかっている場合。「浮力とは、物体がおしのけた液体の重さ」「おしのけたとは、物体が液体につかっている部分の体積」ですから、「こいアミカケ部分の液体の重さ」が浮力となります。

上図の右は、全部つかっている場合。「浮力とは、物体がおしのけた液体の重さ」「おしのけたとは、物体が液体につかっている部分の体積」ですから、「うすいアミカケ部分の液体の重さ」が浮力となります。

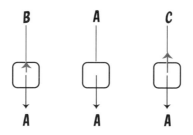

物体の重さは変わらないので、上向きの浮力が大きいほど軽く感じます。したがって、糸を通じて感じる重さは「A ＞ B ＞ C」です。

これで、第2段階を終了しますが、本番では素早く正解しなければなりません。そのためには、**同じ考えかたで正解にたどりつく**ように、練習を重ねる必要があります。それが、第3段階です。

【学習の段階】

1. 単純に覚える

2. 仕組みを理解する

3. 練習して身につける

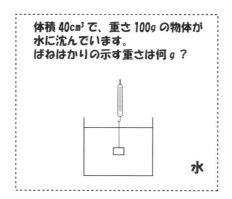

つかっている部分の体積は 40cm³ → おしのけた水の体積は 40cm³

→ おしのけた水の重さは 40g → 物体が受ける浮力は 40g

→ 物体の重さが 100g で、浮力が 40g だから、ばねはかりは 60g。

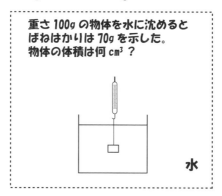

物体の重さが 100g で、ばねはかりが 70g だから、浮力は 30g。

おしのけた水の重さは 30g → おしのけた水の体積は 30cm³。

→ つかっている部分の体積は 30cm³ → 物体の体積は 30cm³。

このように、**力学のポイント「力のつりあい」**と、浮力のポイント「**お
しのけた**」の、反復練習をします。最初の問題を解いてみましょう。

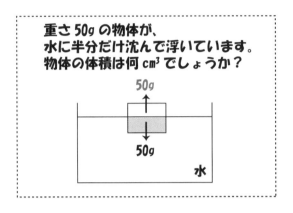

物体が浮いているので、浮力の大きさも 50g。「浮力とは物体がおしの
けた水の重さ」だから、物体は「50g = 50cm^3」の水をおしのけました。
つまり、物体がつかっているアミカケ部分は 50cm^3 です。つかってい
るのは物体の半分ですから、物体の体積は 100cm^3 となります。

▶▶【6日目】物理（電気：電気回路1）

これから4日間にわたって、電気回路の授業を行います。1日目は、電気回路に登場する3つ（導線、かん電池、豆電球）の意味です。絵や記号を覚えるのが目的ではなく、じっさいに中で何がおきているのかを知ることが、非常に大切な知識であると考えてくださいね。

豆電球

かん電池

【学習の段階】

```
1. 単純に覚える
```

```
2. 仕組みを理解する
```

```
3. 練習して身につける
```

◎ 導線：「電気のツブ」がつまった金属。

◎ かん電池：導線に新しい「電気のツブ」をおし出す力を持つ。

　　　　→ 直列で力が強くなり、へい列で長持ちする。

◎ 豆電球：電流のじゃまもの

　　　　「電気のツブ」が通りぬけると、発熱して光を出す。

【導線】

導線（金属）の中には、もともと「電気のツブ」がつまっています。ただし、何もしなければ「電気のツブ」は導線の中で、じっとしているだけです。

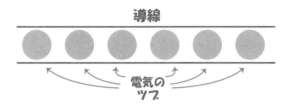

かん電池の役割は後に詳しく説明しますが、かん電池によって新しい「電気のツブ」が導線の中におし出されると、もともと導線の中にあった「電気のツブ」が、おされて動きはじめます。

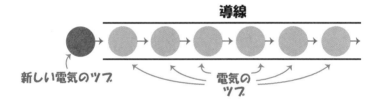

このようにして、「電気のツブ」が動いている状態を「電流」と呼び、「かん電池 → 導線 → 豆電球 → 導線 → かん電池」という電流の通り道を「電気回路」といいます。電気回路の絵を見たとき、中に「電気のツブ」が流れているようすをイメージしてください。

つまり、電気回路の問題は「流れ」を問うのであって、力学のように「つり合い」を考えるものではありません。かん電池からおし出された「電気のツブ」が、電気回路を通って再び、かん電池にもどってくるということです。

【かん電池】

かん電池は、「電気回路に電流をおこす力」を持ちます。新しい「電気のツブ」を電気回路に加え続けることによって、電気回路の中を「電気のツブ」たちが動き続けるわけです。

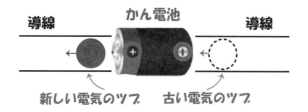

新しい「電気のツブ」が電気回路の中におし出されると、もともと導線の中にあった古い「電気のツブ」が動き出し、かん電池にもどってきます。そして、やがて力がなくなり「じゅ命」をむかえるわけです。

かん電池による「電気回路に電流をおこす力」は、つなぎかたによって変えることができます。力を強くしたり、力は変わらず「じゅ命」を長くしたり。力を弱くすることはできません。

直列つなぎは力が強い

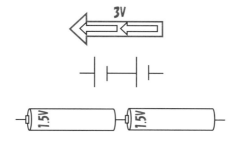

たとえば、上図のように2個を直列つなぎにすると、かん電池の**力は2倍**となります。前の人の背中を後ろからおしているようなイメージですね。「V（ボルト）」とは、「電流をおこす力」の単位です。

同じように、3個を直列つなぎにすると、かん電池の**力は3倍**となる
わけです。このように、直列つなぎによって、力は大きくなります。

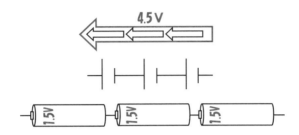

次は、「へい列」つなぎ。この場合、「電流をおこす力」は変わりません
が、「じゅ命」を長くすることができます。

お店に単1・単2・単3・単4など、大きさの異なる電池が並んでいますが、
どれも「1.5V」と表示されていますね。力は変わりませんが、中に入
っている薬品の量が違うのであって、大きい電池ほど薬品が多く、長持
ちするわけです。

かん電池の「へい列つなぎ」を見たら、**大きくなった電池**と考えてくだ
さいね。

へい列つなぎは、大きな電池

【豆電球】

豆電球の中に入っているのは、「フィラメント」と呼ばれる特別な金属。電流の流れにくい金属で、無理に**電流を流すと発熱して発光**します。この光を利用するのが、豆電球という道具なのです。

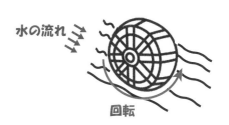

水の流れ

回転

電流によってフィラメントが光るのを、水車にたとえることができます。水車とは、水が流れる力を利用して車を回し、さまざまな仕事をするものです。古くから、世界の国々で使われてきました。

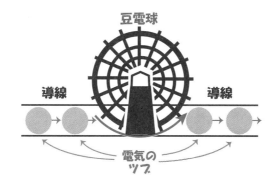

豆電球

導線   導線

電気の
ツブ

水路の途中にある水車は、水の流れをじゃましながら仕事をします。電気回路における豆電球は、**電流のじゃまもの**。電流の流れにくいフィラメントの中を、むりやり「電気のツブ」が通りぬけているわけです。電気回路の途中にある豆電球は、「電気のツブ」の流れをじゃましながら、フィラメントが光って仕事をしていることになりますね。

▶▶【7日目】物理（電気：電気回路2）

電気回路の第2段階では、**順番**が重要です。**まず、すべての「豆電球の電流」から考える。最後に、「かん電池の電流」を考える**ということです。この順番は、絶対に守ってくださいね。

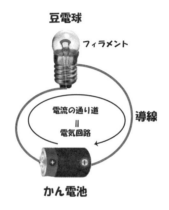

豆電球

フィラメント

電流の通り道
＝
電気回路

導線

かん電池

【学習の段階】

1. 単純に覚える

2. 仕組みを理解する

3. 練習して身につける

【仕組みの最重要ポイント】

◎ まず、すべての「豆電球の電流」から考える。

◎ 最後に、「かん電池の電流」を考える。

◎ 1本道の中を流れる電流の大きさは、どの部分も同じ。

【基本の電気回路】

かん電池と豆電球が 1 つのとき、流れる電流の大きさを「1」とします。「電流のじゃまもの」が 1 つのとき、かん電池 A には「新しい電気のツブ」を「1 ツブ」おし出す力があると考えてください。

かん電池からは、常に「新しい電気のツブ」が 1 ツブおし出され、「古い電気のツブ」が 1 ツブもどり続けていることになります。このとき、豆電球にも常に「1 ツブ」通りぬけていることを忘れないでください。

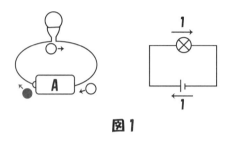

図1

【かん電池の直列】

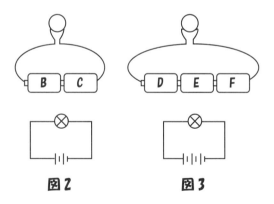

図2   図3

図2は、かん電池の力が 2 倍になって、「電流のじゃまもの」の数は変わりませんから、豆電球の電流は 2 倍の「2」となります。同じように考えると、図3の豆電球に流れる電流は「3」です。

図 2 の豆電球には、常に「電気のツブ」が「2 ツブ」流れ続けます。また、図 3 の豆電球には、「3 ツブ」が流れ続けるということですね。

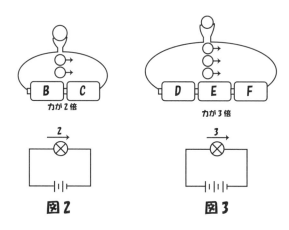

図2　　　　**図3**

豆電球の電流が分かったら、かん電池にうつります。図 2・図 3 ともに、直列の電気回路は **1 本道**ですから、**すべての場所を同じ量の「電気のツブ」が流れ続け**ています。ほかに逃げ道はありませんから。つまり、かん電池 B・C の電流は「2」、D・E・F は「3」となります。

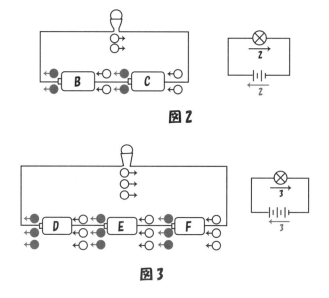

図2

図3

【豆電球の直列】

次は、豆電球の直列つなぎです。かん電池は1つで、基本の電気回路（図1）と変わりません。豆電球は、図4では2つ、図5では3つが直列につながっています。

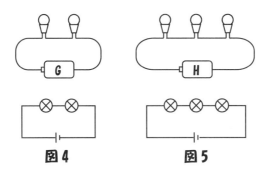

図4　　　　　**図5**

図4は、かん電池の力は変わらず、「電流のじゃまもの」の数が2倍ですから、豆電球の電流はすべて「2分の1」となります。同じように考えると、図5の豆電球に流れる電流はすべて「3分の1」です。

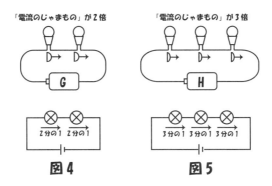

「電流のじゃまもの」が2倍　　　「電流のじゃまもの」が3倍

2分の1　2分の1　　　　3分の1　3分の1　3分の1

図4　　　　　**図5**

直列の電気回路は**1本道**で、**電流の大きさはどの部分も同じ**ということを忘れないでくださいね。

豆電球の電流がすべて分かったので、かん電池にうつります。くり返し
ますが、この場合は電気回路が **1 本道**で、電流の大きさはどの部分も
同じ。したがって、かん電池 G の電流は「2 分の 1」、かん電池 H の電
流は「3 分の 1」です。

図 4 で多くの生徒がまちがえるのは、電流の大きさ「2 分の 1」の豆電
球が 2 つあるから、かん電池の電流は合計で「1」と答えることです。
1 本道の中で、同じ数のツブが流れているイメージを忘れないように。

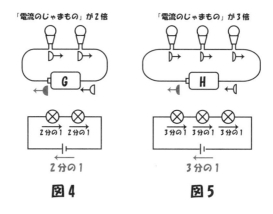

図4　　　　**図5**

【豆電球の直列＋かん電池の直列】

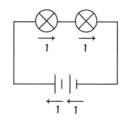

電池の力は 2 倍、「電流のじゃまもの」の数も 2 倍だから、豆電球の電
流は「1」。**1 本道**なので、かん電池の電流もそれぞれ「1」です。

くり返しますが、電気回路の第２段階では**順番**が重要です。すべての「豆電球の電流」を考えてから、最後に「かん電池の電流」を考えるという順番を、忘れないでくださいね。

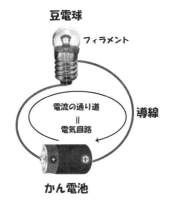

豆電球

フィラメント

電流の通り道
＝
電気回路

導線

かん電池

【学習の段階】

┌─────────────────┐
│ 1. 単純に覚える │
└─────────────────┘

┌─────────────────┐
│ 2. 仕組みを理解する │
└─────────────────┘

┌─────────────────┐
│ 3. 練習して身につける │
└─────────────────┘

【仕組みの最重要ポイント】

◎ まず、すべての「豆電球の電流」から考える。

◎ 最後に、「かん電池の電流」を考える。

◎ 「へい列」の豆電球は、考える電球いがいを手でかくす。

【豆電球のへい列】

電流は、かん電池のプラス極から出発して、ひたすらマイナス極に向かっていきます。流れの途中で、少しでもプラス極の方向へもどることは、決してありません。

下図の電気回路では、プラスからマイナスに向けた「ひと筆がき」で、2 つの電球を一度になぞることはできませんね。2 つをなぞろうとすれば、必ず一度はプラスの方向にもどる必要があるからです。

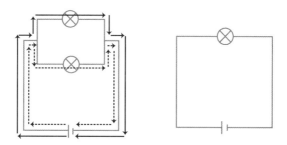

電気回路とは、かん電池のプラスからマイナスに向かう電流の通り道。上の左図では、**2 つ（実線と点線）の電気回路が同時に存在**しています。実線と点線は、ともに右図と同じ電気回路で、おたがいに関係することなく、独立して存在している状態なのです。

「独立」とは、かりに実線部分の豆電球が切れたとしても、点線部分の豆電球に変化はないということ。逆の場合も、同じことがいえます。なお、下図はすべて表現が異なるだけで、同じ電気回路です。

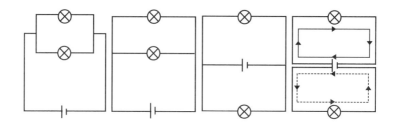

豆電球の「へい列」は、おたがいにまったく関係ありませんから、下図でAを考えるときにはBを見る必要がありません。ですから、Bを**手でかくして**ください。Bを考えるときは、Aを手でかくします。

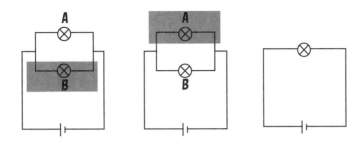

どちらの場合も、上の右図（かん電池が1つ、豆電球も1つ）と同じ電気回路が見えるはずです。したがって、豆電球A・Bともに、電流の大きさは「1」となります。

これで、すべての豆電球に流れる電流の大きさが分かりましたから、**最後にかん電池の電流**を考えます。実線と点線が同時に存在し、それぞれの電気回路の中を「1」の電流が流れています。

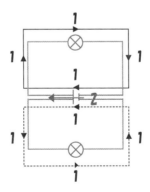

ともに、1つのかん電池に接続しているので、**かん電池の電流は「2」**です。かん電池は2つの電気回路に対して、常に「1」ずつ流しているため、**「じゅ命」は短く**なります。

【かん電池のへい列】

かん電池を「へい列」につないだときは、「電流をおこす力」の変わらない大きな電池と考えます（6 日目の授業）。

下図の場合、電池の「電流をおこす力」と、豆電球（電流のじゃまもの）の数は変わりませんから、豆電球の電流は「1」。したがって、大きなかん電池の電流も「1」となります。

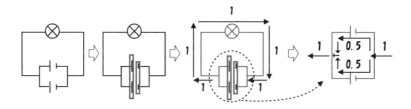

大きなかん電池の中を、拡大したようすが右図です。「1」の電流が、「0.5」ずつに分かれているのが分かります。つまり、各かん電池の電流は「0.5」。1 つの豆電球に送る電流を、半分ずつ分担しているので、かん電池の「じゅ命」は長くなります。

【へい列の豆電球、直列のかん電池】

下図の場合、おたがいに関係のない 2 つの電気回路（実線と点線）が、同時に存在しています。右図の実線を考えるときは、手で点線をかくしてください。逆に、点線を考えるときには、実線をかくします。

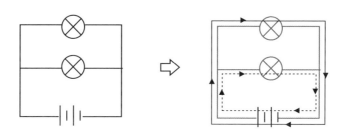

それぞれの電気回路は電池の力が2倍ですから、豆電球の電流は「2」ずつとなります。豆電球が終わったので、最後にかん電池（右図）。かん電池は、点線に「2」、実線に「2」の電流を流し続けています。

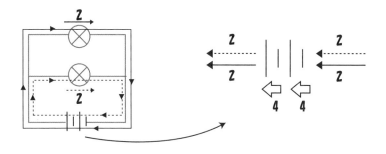

かん電池2つは**1本道**となるので、電流はともに「4」です。強い力で2つの豆電球を光らせていますから、かん電池の「じゅ命」は短くなりますよ。

【直列の豆電球、へい列のかん電池】

大きなかん電池の力は変わらず、豆電球（電流のじゃまもの）の数は2倍です。豆電球の電流は、それぞれ「0.5」となります。

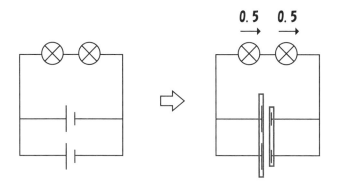

最後に、かん電池の電流を考える（下図）と、「0.5」の電流を半分づつ分けあい、それぞれ「0.25」ですね。

「電流 1」を「電気のツブが 1 秒に 1 ツブ流れる」と考えるならば、「電流 0.5」は「電気のツブが 2 秒に 1 ツブ流れる」、「電流 0.25」は「電気のツブが 4 秒に 1 ツブ流れる」と考えれば良いでしょう。

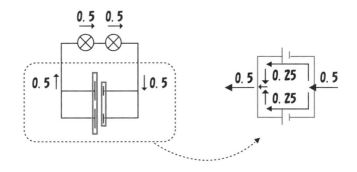

【へい列の豆電球、へい列の乾電池】

大きなかん電池の、力は変わりません。おたがいに関係のない、2 つの電気回路（実線と点線）が、同時に存在しています。実線の豆電球を考えるときは点線の豆電球をかくし、点線を考える場合は実線をかくしてくださいね。

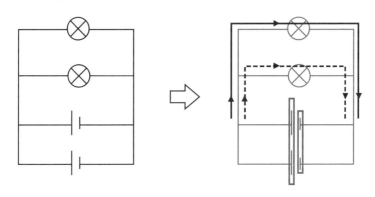

実線・点線ともに、かん電池の力は変わらず、豆電球（電流のじゃまもの）の数も変わりません。したがって、それぞれの豆電球の電流は「1」であることが分かります。

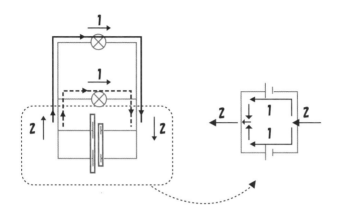

大きなかん電池には、実線（電流「1」）と点線（電流「1」）がつながっており、電流は常に「2」。大きなかん電池の中は、各かん電池が電流を「1」ずつ分担しています。

以上が、基本パターンのすべてです。第2段階の最重要ポイントを、確認しておきましょう。

【学習の段階】

> 1. 単純に覚える

> 2. 仕組みを理解する

> 3. 練習して身につける

【仕組みの最重要ポイント】

◎ まず、すべての「豆電球の電流」から考える。

◎ 最後に、「かん電池の電流」を考える。

◎ 1 本道の中を流れる電流の大きさは、どの部分も同じ。

◎ 「へい列」の豆電球は、考える電球いがいを手でかくす。

あとは、同じ考え方で問題を解きながら、最重要ポイントを身につけていくだけです。

最後に、基本パターンの組み合わせを、1 つだけ取りあげてみます。

【学習の段階】

> 1. 単純に覚える

> 2. 仕組みを理解する

> 3. 練習して身につける

下図で、豆電球とかん電池の電流は、どのようになるでしょうか？

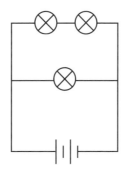

電池の力は2倍。おたがいに関係のない電気回路が、2つ（実線と点線）同時に存在していることが分かりますね（下図）。

実線を考えるときは点線を、点線を考えるときは実線を手でかくしましょう。

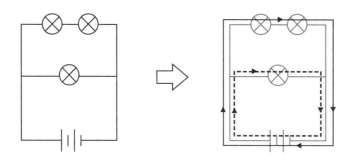

かん電池の力は2倍。実線の電気回路は、豆電球（電流のじゃまもの）も2倍なので、豆電球の電流はそれぞれ「1」となります。

点線の電気回路は、豆電球（電流のじゃまもの）が変わらず、電流は「2」です。

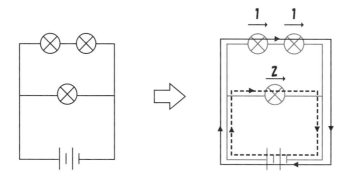

かん電池には、実線と点線がつながっているので、電流は2つとも「3」となることが分かりますね。

▶▶ 【9日目】物理（電気：磁力線）

地球は大きな磁石（北極が S 極、南極が N 極）のような性質を持っており、ヒトの目に見えない磁力線が、N 極（南極）から S 極（北極）に向かって進んでいます。そのため、方位磁針の N 極は、地球のどこにいても磁力線の進む方向（北、S 極）をさすわけです。

海の上を飛び続けて、目的地にたどり着く「わたり鳥」は、何を「めじるし」とするのか。昼は太陽、夜は星、「くもり」や「雨」の日は磁力線を脳で感じ取って「めじるし」にしているようです。

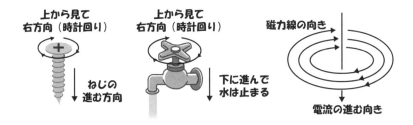

【学習の段階】

1. 単純に覚える

2. 仕組みを理解する

3. 練習して身につける

◎「電流の進む向き」に対して、磁力線は右方向（時計回り）。

電流が流れたら、磁石のまわりと同じ磁力線が発生し、「電流の方向」と「磁力線の方向」は、**「右ねじ」**の関係になります。

第１段階のポイントは、私たちの身のまわりにある「右ねじ」。そして、第２段階のキーワードは**「右手」**となります。

【学習の段階】

1. 単純に覚える

2. 仕組みを理解する

3. 練習して身につける

【仕組みの最重要ポイント】

◎ 磁力線を考えるときは、必ず右手を使う。

◎ ４つの位置における、磁力線の向きを完全に把握する。

◎ 方位磁針のＮ極の向きは、２つの磁力線（地球・電流）の組み合わせで決まる。

「電流が進む方向」と「磁力線の方向」の関係は、「右ねじ」と同じなので、**磁力線を考えるときは必ず右手**を使います。さきほどの図と、電流の向きが逆になっていることに注意してください。

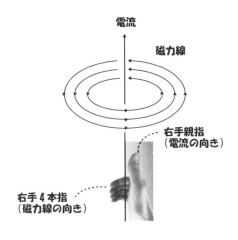

電流

磁力線

右手親指
（電流の向き）

右手４本指
（磁力線の向き）

右手親指を電流の向きに合わせると、**右手 4 本指のさす方向が磁力線の向き**です。電流が大きくなるほど、磁力線も強くなります。

そして、磁力線で最も大事なことは、**4 つの位置における磁力線の向き**を完全に理解することです。それさえ完了してしまえば、磁力線の問題をすべて解くことができるでしょう。

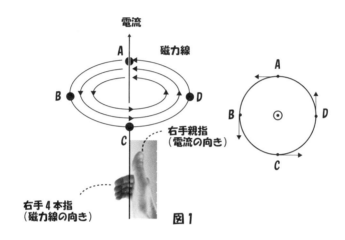

図 1

右図は、左図を上からみた様子です。真ん中が導線で、向こう側から手前に向かって電流が流れています。このとき磁力線の向きは、左方向（反時計回り）です。もちろん、左図を下から見れば磁力線は右方向（時計回り）になりますよ。

右手の親指を電流の方向に合わせ、右手 4 本指を移動しながら、A・B・C・D 点における磁力線の進む方向を、必ず確認してください。試験中にも右手を使います。磁力線の向きは、方位磁針が A・B・C・D 点にあるときの、N 極が向く方向を意味します。

ここから先は、**図 1 の A・B・C・D 点のどこに方位磁針があるか**確認しながら問題に向き合ってください。

なお、方位磁針の N 極が向く方向は、「地球の磁力線」と「電流による磁力線」との組み合わせで決まります。電流が流れていなければ、もちろん N 極は「北」の方向ですよ。

たとえば下図（左）のように、何もしなければ方位磁針の N 極は北を向いています。

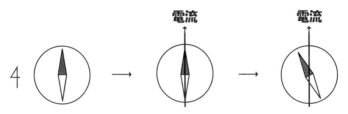

真ん中の図では、方位磁針の手前に導線があり、電流は上向きとなっています。つまり、方位磁針の位置は**図１の A 点**にあたり、電流による磁力線は西方向、したがって N 極も少しだけ西方向に傾きます（右図）。

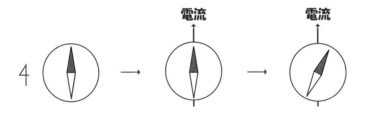

上図の場合は、方位磁針の向こう側に導線があり、電流は上向き。方位磁針の位置は**図１の C 点**にあたるので、電流による磁力線は東方向、したがって N 極は少し東方向に傾くわけです（右図）。

あとは、**同じ考えかたで正解にたどりつく**ように、練習を重ねるだけです。それが、第３段階となります。

【学習の段階】

1. 単純に覚える

2. 仕組みを理解する

3. 練習して身につける

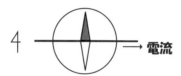

上図は、導線が方位磁針の手前にあります。**図 1 の A 点**にあたるので、電流による磁力線の向きは北方向。

この場合は地球の磁力線と同じ向きですから、N 極は北を向いたままです。**地球の磁力線（北向き）が、電流によって少し強まる感じ**ですね。

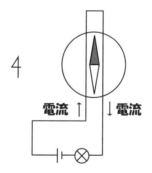

上図の場合、導線は左右ともに、方位磁針の手前にあります。左の導線に流れる電流による磁力線は西方向で、右の導線に流れる電流による磁力線は東方向のため、**お互いに打ち消し合って**、N 極は北を向きます。

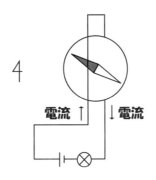

上図では、左の導線が方位磁針の手前にあり、右の導線は方位磁針の向こう側にあります。左の導線に流れる電流による磁力線は西方向で、右の導線に流れる電流による磁力線も西方向ですから、**お互いに強め合って**、N極は大きく西方向に傾きます。

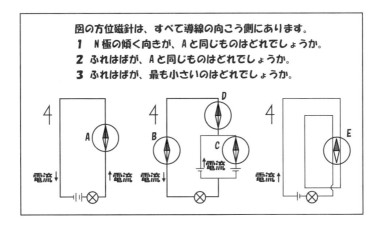

電気回路の基本を、固めておく必要がある問題です。電流の大きさは、Aが2、Bが1、Cが0.5、Dが1、Eが1（2本で強め合う）となります。

電流の向きと方位磁針の位置から、「1の答え：C、D」。

2本で強め合うから、「2の答え：E」。

電流が最も小さいのは、「3の答え：C」。

▶▶ 【10 日目】物理 （電気：電磁石）

導線を一定方向に巻いたものをコイルといい、コイルに電流が流れると電磁石になり、棒磁石のまわりと同じような磁力線がうまれます。電流の向きと磁力線の向きとの関係を示したのが、下図です。

特に注意していただきたいのは、コイルの中にある方位磁針です。**コイルの中では、磁力線がすべて N 極（図の左）に向かっています。**そのため、方位磁針の N 極も左に向くのです。N 極が N 極の方を向くことになりますので、混乱しないでください。

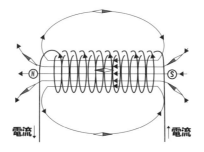

電流↓　　　　　↑電流

【学習の段階】

1. 単純に覚える

2. 仕組みを理解する

3. 練習して身につける

◎ 右手の 4 本指の方向を「電流の向き」に合わせると、親指の方向が電磁石の N 極。

◎ コイルの絵に、電流の向きを書きこむこと。

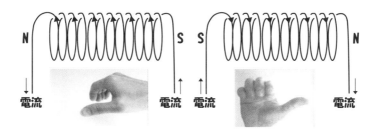

ここでも**右手を使います。絶対に、左手でやらないでください。**4本指の方向と電流の向きを合わせれば、親指の方向が電磁石のN極です。

コイルの巻き方（左巻き、右巻き）は関係ないので、上図2つのどちらかとなります。コイルの問題では、**電流が流れている方向を、絵の中に矢印で必ず書きこみましょう。**モーターの問題も、電流の向きを絵に書きこんでしまえば、考え方はまったく変わりません。

あとは、**書きこんだ矢印の向き（電流の向き）と右手の4本指を合わせて、N極（親指方向）がどちらか**を確認するだけです。

【学習の段階】

1. 単純に覚える

2. 仕組みを理解する

3. 練習して身につける

【電磁石の最重要ポイント】

◎ 電磁石は、電流による磁力線が集まったもの。

電磁石の仕組みを細かく知る必要はありませんが、ここでは単純に**右手の練習（9日目：磁力線）**をするだけのために解説していきます。

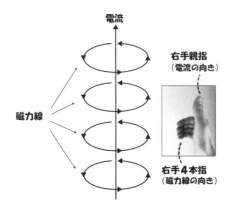

上の図は、導線に電流が流れたときに生まれる磁力線のようすを示しています。「電流の流れる方向」と「磁力線の向き」との関係は、もちろん「**右ネジ**」です。決して左手を使わないでくださいね。

まっすぐだった導線を、少しだけ曲げてみました。磁力線はあくまでも電流のまわりに生まれますから、この場合も磁力線は電流（導線）と同じように曲がった感じになります。

「電流の流れる方向」と「磁力線の向き」の関係が、「**右ネジ**」であることに変わりはありません。

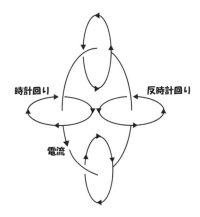

さらに曲げて、導線を1回転させました。「電流の流れる方向」と「磁力線の向き」との関係が、変わっていないことを確認してください。

この図を上方向から下に向かってながめると、左側にある磁力線は時計回り、右側にある磁力線は反時計回りです。上と下、右と左では、磁力線がちょうど逆の方向に回転していることが分かります。

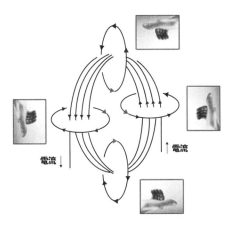

導線を4回転させた状態です。4つの磁力線の方向は、やはり変わっていません。上下左右それぞれの位置における電流と磁力線との関係を右手で示していますので、必ず自分の右手で確認してくださいね。

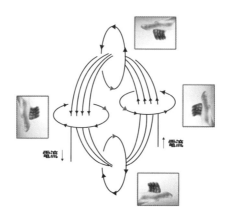

1 回転させた導線を 4 つ続けただけなので、磁力線は方向が変わらず、4 つ分だけ強まった状態と考えてください。

たとえば、真ん中の位置に注目してみましょう。赤い矢印で示したように、磁力線の方向は、上下左右のすべてが同じ方向を向いています。

このようにして導線を何回も巻いたのが、いわゆるコイルの状態。コイルに電流を流すと、電磁石になります。上図はすでに、電磁石といえるでしょう。

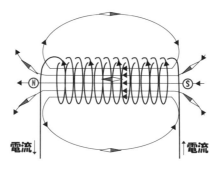

さらに巻き数を増やしたものが、今回の最初に示した電磁石だったわけですね。

【モーターの最重要ポイント】

> ◎ 右手で「電流の向き」と「電磁石のN・S極」を確認するだけ。

モーターを苦手という人は、**「ただの目くらまし」**にあっているだけ。じつは、**「電流と電磁石」の第1段階**さえ理解していれば、まったく同じ考えかたでモーターは**スッキリ**してしまいます。

つまり、モーターを理解するために必要なことは、**「電流の向き」**と**「電磁石のN・S極」との関係**だけです。**右手を使えば5秒以内に答えが出る**のですから、あまりに簡単すぎるともいえます。

「目くらましにあっている」理由は、回転するコイルの部分が下図のような構造だから。見た瞬間に、モーターは複雑そうに思えてしまいますね。でも、本当は簡単なのです。

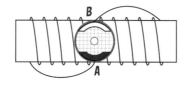

「コイルの左端から出たA」は黒い部分、「コイルの右端から出たB」は白い部分と接しています。**黒と白の部分は電流を通し、アミカケ部分は電流を通しません。**「黒・白・アミカケ部分」を含めた赤丸の部分によって、コイルの一部が見えなくなっていますね。

「コイルの両端から出た導線」が、真ん中に集まっているという**「目くらまし」**。回転の仕組みとして「コイルの両端から出る導線」を真ん中に集めているため、電流の通り道が分かりにくいだけなのです。

まん中にある赤丸の部分には、電流を通す部分（黒と白）と通さない部分（アミカケ部分）があることを忘れないでください。

下図の 2 つは**コイルだけ見ればまったく同じ**もので、「コイルの両端から出る導線」が真ん中に集まっているか、いないかの違いだけです。

A と B が電池のプラスとマイナスにつながれば、電流が流れて電磁石になります。つながらなければ、電流は流れず電磁石になりません。

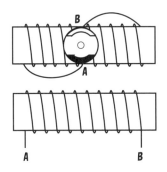

モーターの全体は、下図のように示されます。複雑に見えるかもしれませんが、注意するのは**「コイルに電流が流れるのか、流れないのか」**ということだけです。

「コイルの両端につながる導線」と「電池のプラス・マイナスにつながる導線」が、つながっているのか、いないのか。

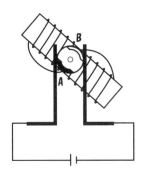

上図をよく見ると、「コイルの左端につながる A」は電池のプラスにつながり、「コイルの右端につながる B」は電池のマイナスにつながっていますね。

ということは、**Aが接している「黒い部分」**も、**Bが接している「白い部分」**
も、**ともに電流を通す**のだから、**電気回路（電流の通り道）が完成して
いる**わけです。

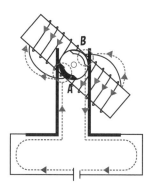

上図は、モーターのコイルに**電流が流れて電磁石になっている状態**。赤
い点線を、電池のプラスからマイナスまで、たどってみてください。そ
の点を理解できれば、モーターのテーマを完了したようなものです。

上図はモーターらしく表現するため複雑になりましたが、まったく同じ
様子を簡単に示すと下図のようになります。

モーターのコイルに**電流が流れ**て、電磁石になっている状態です。

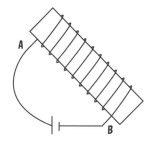

第1段階で確認したように、まず**電流の向き**を図に書きこみましょう。
受験の本番でも、大切な作業です。

電流の向きは下図のようになり、**電磁石のN・S極は右手**を使って5
秒以内に分かります。

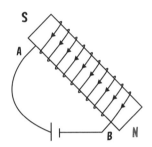

ここまで来れば、ゴールはもうすぐ。モーターの中では下図のように、
コイルを永久磁石がはさんでいます。この状態から始まったと考えて、
順に変化を見ていきましょう。

最初の状態では、**電流が流れ**て電磁石になっています。「S極とS極」「N
極とN極」が反発しあって矢印の方向に力がはたらき、時計まわりの
回転運動が始まります。

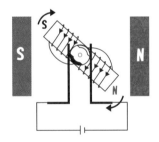

しばらく回転すると、下図のような状態になります。

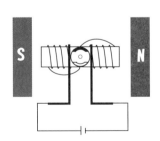

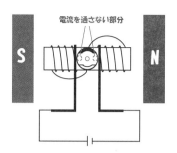

電流を通さない部分

電池のプラスとマイナスにつながった導線は、モーターの**電流を通さない部分**に接しています。回路（電流の通り道）は完成していませんから**電流は流れず**、コイルは電磁石ではない状態です。

このときは、何の力もはたらきませんが、いきなりピタッと止まるわけでなく、それまでの勢いによって回転は続きます。

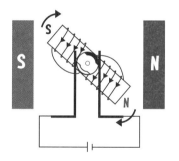

さらに回転すると、上図のような状態になります。電池につながる導線は**電流を通す部分**と接していますから、ふたたび**電流が流れ**て電磁石になるわけです。**電流の向き**を書きこんで**右手**を使い、電磁石のN・S極が図のようになることを確認してください。

ふたたび「S極とS極」「N極とN極」が反発しあって、矢印の方向に力がはたらくため、時計まわりの回転運動は加速されますね。

以上のように、**「電流が流れる、流れない」のくり返しによって「電磁石になる、ならない」をくり返し、結果的に「回転を加速する、しない」をくり返す**のがモーターなのです。

さらに、ここまでの説明で気がついたかもしれませんが、**図を見ながらやっていることは、たった 3 つのことを確認しているだけ**です。

【1】 コイルに電流が流れるのか、流れないのか。

【2】 コイルに電流が流れる場合、その向きはどちら方向なのか。

【3】 右手を使って、N 極・S 極を確認する。

たった、3 つだけですよ。電磁石というのは、N 極と S 極しかありません。**図が複雑に見えるのは、単なる「目くらまし」**です。

ただ単純に、コイルに流れる**電流の向き**だけ確認してください。すると**右手**を使って、**自動的に N・S 極は決定**してしまいますからね。

▶▶ 【11日目】物理（電気：電熱線）

電熱線の発熱を新たなテーマだと考えず、**豆電球と置きかえて考えましょう。すでに学習した内容に置きかえたほうが、まちがえが少なくなります。**

豆電球は、「電流のじゃまもの」でした。電流が通りにくい物（フィラメントや電熱線など）に電圧（電池の力）をかけると、無理やり電流を流され熱が出て光ります。

豆電球は、出てきた光を利用する道具。
熱を利用する道具が、電熱線です。

流れる電流が大きいほど、豆電球は明るく光るし、電熱線は熱くなります。「明るさ」と「熱さ」の違いだけで、仕組み・考え方は同じということです。

【学習の段階】

1. 単純に覚える

2. 仕組みを理解する

3. 練習して身につける

◎ 電流によって、光を利用する豆電球、熱を利用するのが電熱線。

第2段階では、4つの視点から、豆電球と比べながら仕組みを考えてみます。

【学習の段階】

1. 単純に覚える

2. 仕組みを理解する

3. 練習して身につける

【電気抵抗と電流の関係 − 復習】

◎ 電気抵抗が2倍・3倍になると、電流は「2分の1」「3分の1」。

◎ 電気抵抗が「2分の1」「3分の1」になると、電流は2倍・3倍。

電流をじゃますることを、正式には**電気抵抗**といいます。電気のツブが流れることに、抵抗しているのです。じゃまをすればするほど、電流は流れにくくなります。

電気抵抗が大きいほど、電流は小さくなります。 電気抵抗が2倍・3倍となれば、電流は「2分の1」・「3分の1」。逆に、電気抵抗が「2分の1」・「3分の1」になれば、電流は2倍・3倍です。

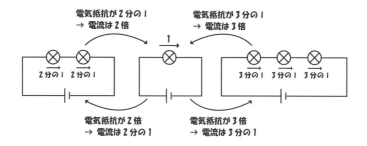

電気抵抗と電流は、反比例します。 反比例という関係に、頭がこんがらがってしまう人がいるかもしれません。**じゃまが多ければ流れにくい**と、常識的に頭を整理してください。

【電熱線の長さと電気抵抗の関係】

◎「電熱線が長くなる」ということは、「豆電球を直列につなげる」のと同じ。

上図で、車を「電気のツブ」、車のエンジンを「電圧（電池の力）」、車の流れを「電流」、障害物を「電気抵抗」、障害物のある道を「電熱線」と考えてみてください。

障害物のある道が長くなれば、車は通りにくくなり流れも悪くなります。長さが2倍になれば、流れは半分になるというイメージです。

1本道に豆電球が多いほど、電流は小さくなりました。じゃまものが多いからです。「じゃまもの」とは、フィラメント（左図の赤い部分）のこと。豆電球の直列とは、フィラメントの直列です。

同じように、1本道の中にある電熱線が長いほど電気抵抗が大きく、電流は小さくなります。左図と右図は、同じようなものですよね。

「電熱線が長くなる」ということは、「豆電球を直列につなげる」のと同じだと考えてください。

【電熱線の太さと電気抵抗の関係】

> ◎ 「電熱線が太くなる」ということは、「豆電球をへい列につなげる」
> のと同じ。

右図は、障害物のある道が広くなった場合を示しています。車にとって
通りにくさは変わりませんが、同じ時間であれば2台が通りぬけるで
しょう。太さが2倍になれば、流れも2倍になるというイメージです。

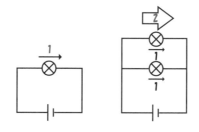

2個の豆電球を「並列」につなぐと、それぞれに電流が同じ量だけ流れ
るため、全体の電流は2倍になりました。全体の電流が2倍ということ
は、言いかえれば「全体の電気抵抗」が「2分の1」になったというこ
とです。

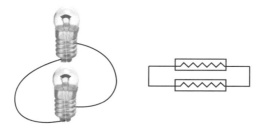

電熱線は太いほど電流が流れやすくなるので、電流は大きくなります。
**「電熱線が太くなる」ということは、「豆電球をへい列につなげる」のと
同じ**だと考えてください。

【電流と電熱線の発熱量との関係】

◎ 電熱線の発熱量は、「電流×電流×電気抵抗」に正比例する。

電熱線の発熱量というのは、豆電球では「明るさ」にあたるもの。電流が大きいほど、豆電球は明るいし、電熱線の発熱量が多くなることは分かりやすいですね。

では、流れる電流が同じとき、電気抵抗の大きいものと小さいもの、どちらの発熱量が大きいのか。豆電球では「明るさ」を問われることが少ないため、電熱線だけのテーマといえます。

結論は、流れる電流が同じであれば、電気抵抗の大きい電熱線の方が発熱量は多いということ。**電熱線の発熱量は、「電流×電流×電気抵抗に正比例する」** と覚えておけば良いでしょう。

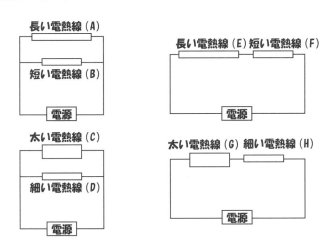

（左上） Bの方が電気抵抗は小さい → 電流が大きい → 発熱量が多い

（左下） Cの方が電気抵抗は小さい → 電流が大きい → 発熱量が多い

（右上） 直列で電流は同じ → 電気抵抗が大きいのはE → 発熱量が多い

（右下） 直列で電流は同じ → 電気抵抗が大きいのはH → 発熱量が多い

▶▶ 【12日目】物理（電気：電気回路４）

電気回路の最終回となります。電気回路１～３までの復習をしながら、４つの視点から、仕組みをさらに深く理解していきましょう。

【学習の段階】

> **1. 単純に覚える**

> **2. 仕組みを理解する**

> **3. 練習して身につける**

【「電流の流れ方」の最重要ポイント】

◎ 電流の流れていく道が分かれるときは、行き先の抵抗に注目。

◎ 電流は、行き先の抵抗の大きさに反比例する。

【基本の復習】

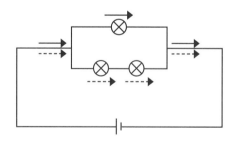

上図では、２つの異なる電気回路（電流の通り道）が、同時に存在していますね。実線と点線の２つです。

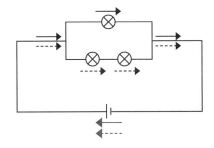

実線と点線はお互いに関係しませんから、点線の電球が切れても実線の
電流は変わりませんし、逆も同じです。全体の電流は「実線＋点線」な
ので、かん電池に流れる電流も「実線＋点線」です。

少し見方を変えてながめて見ると、**電気回路（電流の通り道）全体とし
ては「実線＋点線」で流れてきた電流が一度「実線」と「点線」に分か
れて、ふたたび「実線＋点線」に合流すると考えることもできます。**

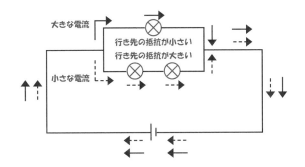

「実線」と「点線」の電流の大きさが、どのような関係になっているの
かというと、「実線：点線」＝「2：1」となります。

電流は、流れていく道が分かれたとき、行き先の抵抗が小さいほうに多
くの電流が流れ、抵抗が大きいほうには少ない電流しか流れません。

別の言いかたをすると、**分かれた道に流れていく電流の大きさは、「行
き先の電気抵抗の大きさに反比例する」**ということです。

【「部分ショート」とは】

> ◎ 行き先に抵抗ゼロの道があると、電流はすべて抵抗ゼロの道に流れていく。

次は、電流の行き先について、片方の道は抵抗がゼロだった場合を考えてみます。片方にはまったく抵抗がなく、もう 1 つの道に抵抗があると、電流はどのような流れかたをするのでしょうか。

これまでの考えかたでは、「実線と点線」の 2 つが同時に存在している、下図のような電気回路（電流の通り道）が思い浮かびますね。

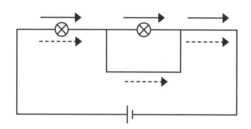

ところが、まったく違うのです。電流が複数の道（行き先）に出会ったとき、**1 つでも抵抗ゼロの道があれば、電流はすべて抵抗ゼロの道に流れていきます。**このような電気回路を、**「部分ショート」**といいます。

下図で、豆電球 B に流れる電流はゼロですから、ないのと同じ。要するに、この電気回路は、「**電池が 1 つで豆電球も 1 つ（豆電球 A）」の電気回**路ということになります。

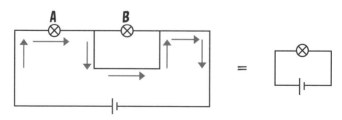

〔豆電球の直列とへい列の組み合わせ〕

豆電球の直列とへい列が、組み合わさった場合を考えます。下図で、豆電球 A・B・C・D に流れる電流の大きさの比は、どうなるでしょうか？

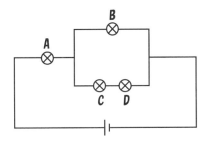

まず、豆電球 A を通った電流は、「豆電球 B の道」と「豆電球 C・D の道」に分かれていきます。このとき、どちらにも抵抗ゼロの道はありませんから、ある割合でどちらにも電流は流れるはずです。

行き先の抵抗は、大きさの比が「豆電球 B の道：豆電球 C・D の道＝1：2」ですから、それぞれに流れる電流の大きさは「2：1」。

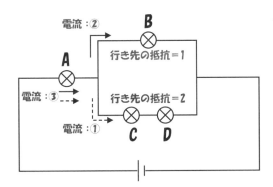

「豆電球 A」に流れる電流の大きさ＝「豆電球 B の道に流れる電流」＋「豆電球 C・D の道に曲がれる電流」ですから、

電流の大きさは、「豆電球 A」：「豆電球 B」：「豆電球 C」：「豆電球 D」＝3：2：1：1　となります。

【合成抵抗】

下図には、電気回路（電流の通り道）が、いくつありますか？

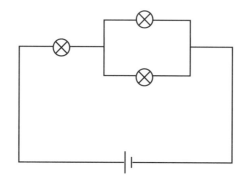

初めて質問された生徒は、ほとんど全員が「2つ」と答えます。なぜ、電気回路（電流の通り道）が2つなのかを聞いてみると、電流の流れる道は実線と点線の2つ（下図）だと答えるのです。

実線と点線は、お互いにまったく関係しない別々の電気回路（電流の通り道）と、言えるのかどうか。

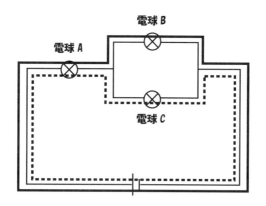

よく見てください。電球（抵抗）Aは、実線にも点線にも登場しています。ということは、電球Aが切れてしまえば、電球Bも電球Cも消えてしまいますよね。お互い、完ペキに関係しあっているわけです。

つまり、下図（実線）に示したように、**全体が一体となって１つの電気回路（電流の通り道）を作り上げている**点が、これまでと大きく異なるところです。

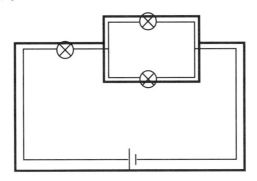

この電気回路に流れる電流を考えるためには、**「合成抵抗」**を理解する必要があります。合成抵抗とは、まず「電気回路全体の抵抗」から「電気回路全体の電流」を求め、次にそれぞれの抵抗に流れる電流を求めていく方法です。

まずは基本にもどって、かん電池（電流をおこす力）と豆電球（電流のじゃまもの）が１つの場合から。これを基準として考えていきます。

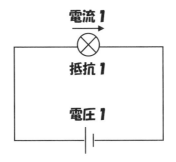

上図を「オームの法則」的にいうと、「電圧＝１、抵抗＝１のとき、電流＝$\dfrac{電圧}{抵抗}$＝１」となります。

抵抗が直列につながると、合成抵抗は「各抵抗の値」の和となります。
下図では、「合成抵抗＝左の抵抗（1）＋右の抵抗（1）＝2」です。

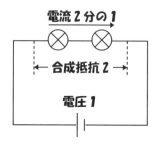

直列つなぎで、「電流のじゃまもの」が 2 倍（合成抵抗＝ 2）のため、
電流は「2 分の 1」となりますね。

では、下図のように中身の分からない抵抗があったとき、「？」部分の
合成抵抗は、どうなりますか？

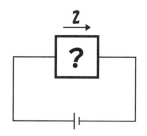

中で豆電球がどのようにつながっているのかは分かりませんが、電流が
「2」流れているのだから、**合成抵抗**は「2 分の 1」だろうと予測するこ
とができますね。

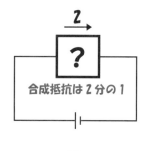

「？」の中身は何なのか。これまで学んだ「電気回路」「電熱線」に、次のような図がありましたね。

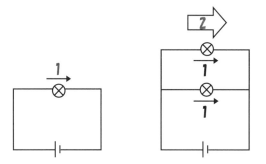

そう、豆電球の「へい列」つなぎによって、全体の電流は2倍となりました。逆にいうと、全体の抵抗は「2分の1」になるわけです。

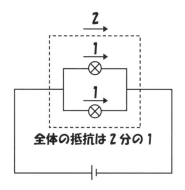

全体の抵抗は2分の1

それでは、最初の電気回路にもどって、全体の抵抗を考えてみましょう。「1つの豆電球」と、「へい列につないだ2つの豆電球」とが、直列につながった電気回路でした。

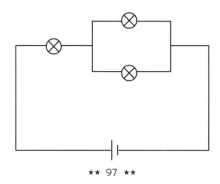

抵抗（1）と抵抗（2 分の 1）が、直列につながった状態です。

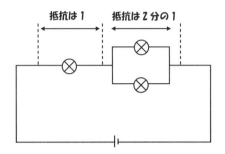

全体の抵抗は、「$1 + \dfrac{1}{2} = \dfrac{3}{2}$」となります。いいかえれば、この電気回路の合成抵抗は「2 分の 3」。

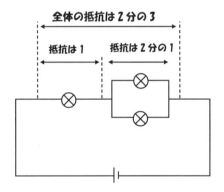

ということは、電球 1 つ（抵抗は 1）、電池 1 つ（電圧は 1）の場合の電流を 1 とした場合に比べて、全体の電流は「3 分の 2」となります。

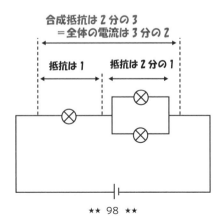

「合成抵抗」の考え方は、**まず全体の抵抗から全体の電流を求める**点で、初級編とはまったく異なります。「全体→個別」の順に、豆電球（抵抗）に流れる電流の大きさを考えていくわけです。

全体の電流が「3分の2」だと分かったので、各電球（抵抗）に流れる電流の大きさを順に決定していきましょう。

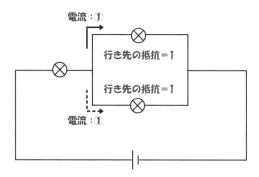

行き先の抵抗が「1：1」であることから、へい列の2電球については電流も「1：1」。かん電池と豆電球の電流は、下図のようになります。

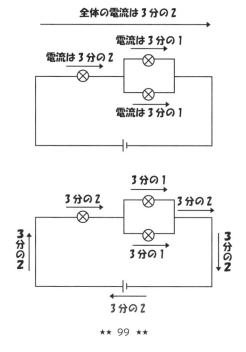

最後に、下図の電流を考えましょう。

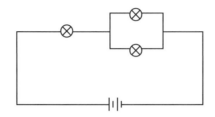

合成抵抗は「2分の3」で、電圧（電池の力）が2となりますから、全体の電流はさきほどの2倍「3分の4」。したがって、豆電球に流れる電流の大きさは、左から順に「3分の4」、「3分の2」、「3分の2」で、各かん電池に流れる電流は「3分の4」です。

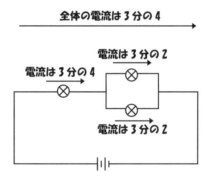

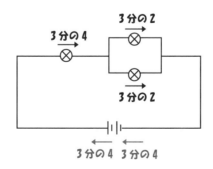

▶▶ 【13日目】地学（太陽の動き1）

天体は、**宇宙空間の中を立体的に動いて**います。現実におこっている立体的な動きを、頭の中でイメージしながら納得することが非常に大事です。この点が、他のテーマと異なる部分と言えますし、人によって理解度が大きく違ってくる理由でもあります。

「天体の動き」については、**「太陽の動き → 月の動き → 星の動き」の順番**で学習するのが望ましく、「太陽の動き」を天体の基礎と考えるべきでしょう。

学習の順番（天体の動き）

太陽の動き　⇨　月の動き　⇨　星の動き

【学習の段階】

> 1. 単純に覚える

> 2. 仕組みを理解する

> 3. 練習して身につける

3日間の授業で、**さまざまな角度から「太陽の動き」を解説**しますので、すべてを基本と考えて納得することを心がけてください。

> ◎「天体の動き」の学習は、太陽 → 月 → 星 の順番。
> ◎「太陽の動き」が、天体テーマの基本。

【学習の段階】

1. 単純に覚える

2. 仕組みを理解する

3. 練習して身につける

【「南中」の最重要ポイント】

◎ おなじ地点なら、1年中おなじ時刻に南中する。

◎ 1年を通して異なるのは、「日の出」「日の入り」の時刻。

おなじ地点なら、1年中おなじ時刻に南中します。地球の時間システムは、**太陽が南中してから翌日に南中するまでを24時間**としており、暦も時間も太陽中心なのです。

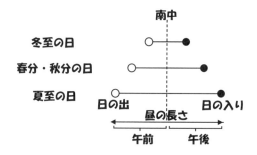

太陽の南中は「日の出」と「日の入り」のまん中で、「日の出」から南中までが午前、南中から「日の入り」までが午後。午前と午後の長さはおなじで、「日の出」から「日の入り」までが、昼の長さです。

「冬至の日」に比べて、「夏至の日」は昼が長い。南中時刻はおなじでも、「冬至の日」は「日の出」が遅く、「日の入り」が早いから昼は短くなります。

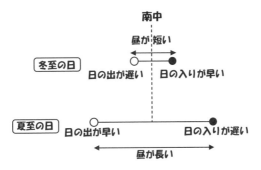

「夏至の日」は「日の出」が早く、「日の入り」が遅いから昼は長い。この関係を、しっかりと理解しておきましょう。

【「地軸の傾き」の最重要ポイント】

◎「春分・秋分の日」は、太陽との関係では地軸が傾いていない。

◎ それ以外の日は、太陽との関係で地軸が傾いている。

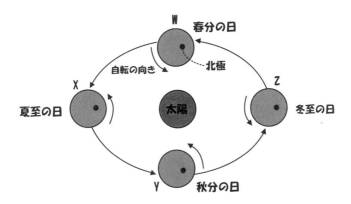

上図は、北極上空からみた、地球の公転運動を示しています。地軸は北極と南極をつらぬく線ですから、北極点の位置を見れば、地軸の傾きと太陽との関係が分かるはずです。

「春分の日」「秋分の日」ともに、地軸は傾いていますが、よく見ると**「太陽のほう」**にも**「太陽と逆のほう」**にも傾いていないことが分かります。つまり**「春分の日」「秋分の日」**だけは、太陽との関係において地軸が**傾いていない**と考えても良いのです。

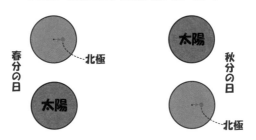

それ以外の日は、多少の違いはありながらも、太陽との関係では地軸が傾いています。

【「昼と夜の長さ」の最重要ポイント】

◎ 昼が夜より長く、昼がだんだん長くなる季節。

◎ 昼が夜より長く、昼がだんだん短くなる季節。

◎ 昼が夜より短く、昼がだんだん長くなる季節。

◎ 昼が夜より短く、昼がだんだん短くなる季節。

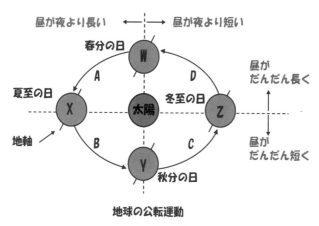

地球の公転運動

前ページの図は、赤道側から見た、「地球の公転運動」を示しています。
あとでも使う図ですから、完全に頭の中に入れておいてください。

北半球の地軸が、最も「太陽のほう」に傾いている所（X）が「夏至の日」、
最も「太陽と逆のほう」に傾いている所（Z）が「冬至の日」です。

最初にこの2つを決定してから、春夏秋冬の順に「春分の日」（W）と「秋
分の日」（Y）を決定します。

「昼と夜の長さ」という視点から、1年を4つに分けてみます。
昼と夜のどちらが長いのか、昼がだんだん長くなるのか短くなるのかと
いう見方です。

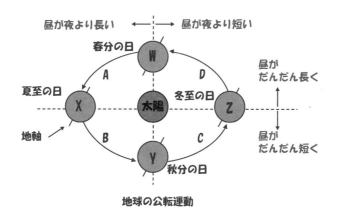

**「春分の日」は昼がだんだん長くなる途中の日で、「秋分の日」は昼がだ
んだん短くなる途中の日**になります。

四季の違いとは、「昼の長さ」の変化のしかたが違うということ。

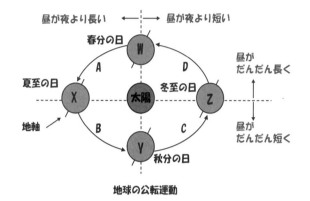

地球の公転運動

Aは、**昼が夜よりも長くて、**さらに**だんだん長く**なっていきます。

Bは、**昼が夜より長い**けれども、**だんだん短く**なる期間。

Cは、**昼が夜よりも短くて、**さらに**短く。**

Dは、**昼が夜より短い**けれども、**少しずつ長く**なっていくわけです。

昼（明るい時間）と夜（暗い時間）のどちらが長いのか、昼がだんだん長くなるのか短くなるのか、それさえ分かれば、いま１年のうちのどの辺にいるのか分かるということです。

春に咲く植物と、秋に咲く植物が、咲く季節をまちがえないのは、「明るさ・暗さ」の変化を感じ取っているからといえるでしょう。

以下の記録は、上図のA・B・C・Dのうち

どの日のものでしょうか。

	日の出時刻	日の入り時刻
1日目	××時××分	××時××分
2日目	××時××分	××時××分
3日目	××時××分	××時××分
4日目	××時××分	××時××分

このような問題が出たら、まず「日の出時刻」と「日の入り時刻」から、毎日の「昼の長さ」を計算してください。そして、「昼の長さ」がどのように変化していくのか、注目します。

太陽の問題では、**「昼の長さ」とその変化が大事**だということを、覚え
ておいてください。たとえば、昼が 12 時間より長く、日ごとに昼がだ
んだん長くなっていれば、A を選びます。昼が 12 時間より短く、昼が
だんだん短くなっていれば、C です。

【「方角」の最重要ポイント】

> ◎ 太陽の問題では、まず南から決定。毎日かならず南中するから。
>
> ◎「冬至の日」の太陽の通り道は、1 日中つねに南側。
>
> ◎「夏至の日」の太陽の通り道は、南北をまたがる。

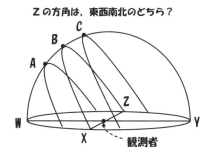

Z の方角は、東西南北のどちら？

A は「冬至の日」、B は「春分・秋分の日」、C は「夏至の日」の南中位
置です。南中時刻は同じで、「日の出」と「日の入り」の時刻が違うから、
昼の長さが異なると分かります。

太陽の問題で方角を問われたら、まず南から決定してください。毎日か
ならず、南中するからです。つまり、W が南。すると Y が北、X が東、
Z が西となります。

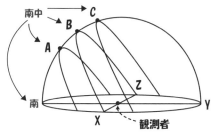

図をよく見ると、「冬至の日」の太陽の通り道は、1日中半分よりも南側にありますね。いっぽう、「夏至の日」は、朝方と夕方は半分よりも北側に、昼は南側にあり、南北をまたがっています。

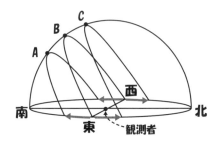

したがって、**「夏至の日」の「日かげ曲線」は南北をまたがり**（もちろん南中時の日かげは、北側です）、**「冬至の日」は北側だけ**ということも、知っておきましょう。

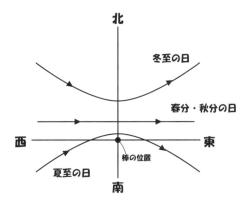

「日かげ曲線」の問題は、複数の図から選択する場合が多いので、このことを知っておくだけで得点につながります。「春分・秋分の日」の「日かげ曲線」は、冬至と夏至の中間だと思っておいてください。

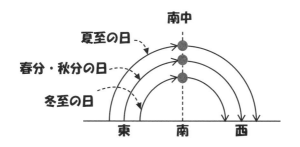

上図は、さきほどの天球図の中にいる観測者から見た、太陽の動きです。「夏至の日」は「日の出」から「日の入り」までの道のりが長く、「冬至の日」は短いですね。その分だけ、昼の長さも異なることが分かります。

春分・秋分の日の「日の出」は真東からで、「日の入り」は真西です。冬至の日は、「日の出」も「日の入り」も、東西から南より。夏至の日は、「日の出」も「日の入り」も、東西から北より（冬至の南よりと逆）になります。

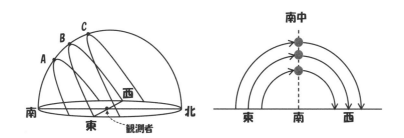

2つの図を、よく見比べてください。
そして、**「日の出」「南中」「日の入り」**と、**「昼の長さ」「方角」との関係**を、しっかりと理解することが大事です。

▶▶ 【14日目】地学（太陽の動き2）

【「昼と夜」の最重要ポイント】

◎ 太陽の側が昼、反対側が夜。

◎ 地球の自転は、北極上空から見て「反時計回り」。

◎ 「反時計回り」に、「日の出 → 南中 → 日の入り → 真夜中」。

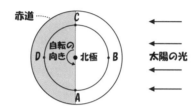

この図は、北極上空から見た、地球（春分・秋分の日）です。宇宙空間に浮かぶ地球は、太陽に向かう側の半分は明るく、反対側は影になっています。

地球は、北極上空から見て反時計回りに自転しているので、地球上に住む私たちも、地球とともに移動しているわけです。A → B → C → Dと動いて、翌日の同じ時刻またAにもどり、1日に1回転、毎日この移動をくり返しています。

地球とともに移動しながら、明るい部分にいるときが昼で、影の部分にいるときが夜です。

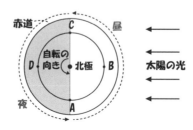

【「時刻」の最重要ポイント】

◎ 夜から昼の始まるところが、6時。

◎ 昼から夜の始まるところが18時。

次は、時刻です。「日の出」が6時、「南中」が12時、「日の入り」が18時、「真夜中」が0時だとしたら、A・B・C・Dにいる人は、それぞれ何時でしょうか？

A・B・C・Dにいる人は、それぞれ何時？

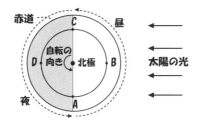

Aは、先ほどまで夜で、今まさに昼が始まろうとしているので6時（日の出）。Cは、逆に先ほどまで昼で、今まさに夜が始まろうとしているので18時（日の入り）です。

Bは、「日の出」と「日の入り」との真ん中だから12時（南中）。Dは、逆に「日の入り」と「日の出」との真ん中だから0時（真夜中）となります。

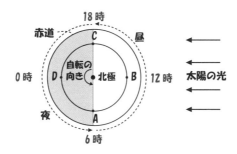

【「方角」の最重要ポイント】

◎ まず北の方角（北極の方向）から決定する。

次は方角です。A・B・C・D の各点に立っている人にとって、図の上で「北」はどちらの方向でしょうか？

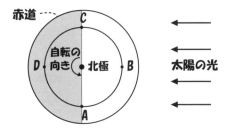

それぞれの人に「北はどっち？」と聞いたら、北極の方向を指さすはずです。「南はどっち？」と聞いたら、その反対方向を指さします。

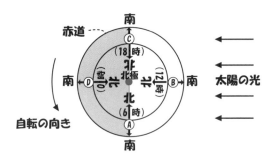

南北の方角が決まれば、東西の方角も決まってしまうわけです。**まず北（北極の方向）の方角から決定する**、ということを覚えておいてください。

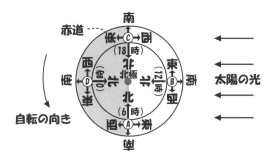

地球は西から東の方向に自転しており、地球に住む私たちは、常に自転する地球とともに、西から東へ移動しているのです。

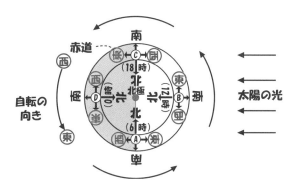

でも、私たちは誰も、自分が移動しているとは思っていません。だから、逆に天体（太陽・月・星）が、東から西に移動するように見えてしまうわけですね。

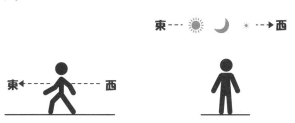

ここまでの考え方（地球の時刻と方角）は、「月」でもたいへん重要なので、完全に納得するまで慣れ親しんでください。

【「地軸の傾き」の最重要ポイント】

> ◎「春分・秋分の日」だけは、太陽との関係で地軸が傾かない。

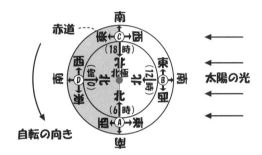

上の図を、赤道側から見たようすが、次の図です。

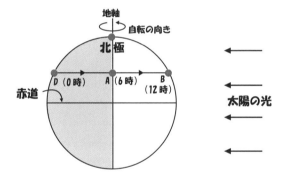

C（18 時）は、A（6 時）のちょうど向こう側になります。この図は、「春分・秋分の日」の場合です。地軸は、太陽の方向にも、太陽と逆の方向にも傾いていません。A（6 時）から C（18 時）までが昼（12 時間）、C（18 時）から A（6 時）までが夜（12 時間）となります。

「春分の日」「秋分の日」ともに、地軸は傾いていますが、よく見ると**「太陽のほう」にも「太陽と逆のほう」にも傾いていない**ことが分かります。つまり**「春分の日」「秋分の日」だけは、太陽との関係において地軸が傾いていない**と考えても良いのです（13 日目の授業）。

【「夏至の日」の最重要ポイント】

◎ 「日の出」が早く、「日の入り」は遅い。

◎ 北にいくほど、昼が長い。

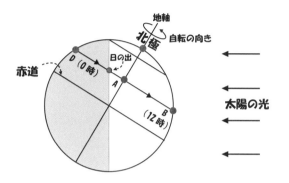

次は、「夏至の日」です。北半球の地軸は、太陽の方向に傾いていますから、
上図のようになります。

「日の入り」は、「日の出」のちょうど向こう側です。
ここで注目したいのは、Bの時刻（12時、南中、「日の出」と「日の入り」との中間）と、Dの時刻（0時、真夜中、「日の入り」と「日の出」との中間）は、年間を通して変わらない事です。

いっぽう、Aは「日の出」を過ぎているし、C（Aの向こう側）はまだ「日の入り」をむかえていません。南中時刻は1年中変わらず、「夏至の日」は「日の出」が早く「日の入り」は遅かったことを、思い出してください。

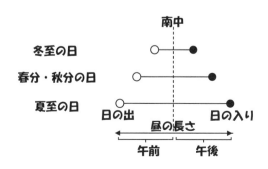

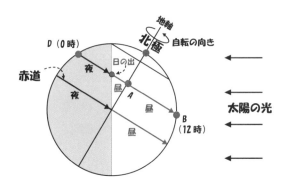

私たちは、1日に1回転、毎日 A → B → C → D と移動をくり返しています。1回転の距離は変わりませんが、「明るい部分（昼）」と「暗い部分（夜）」との距離は、季節によって異なります。

「夏至の日」は、昼が長くて夜が短い理由を、しっかりと理解してください。

夜よりも昼のほうが長いというのは、「夏至の日」だけではありません。「地球の公転運動」の図（13日目の授業）でも示しました。地球が、「春分・秋分の日」よりも「夏至の日」側にあるときは、夜よりも昼のほうが長くなります。

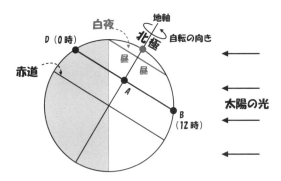

「夏至の日」のようすをよく見ると、**北にいくほど昼が長く**なっていくことに、気がつくでしょう。さらに北へいくと、夜のない昼だけの所があります。太陽が沈まない、「白夜（びゃくや）」とは、この地域におこる現象です。

【「冬至の日」の最重要ポイント】

◎ 「日の出」が遅く、「日の入り」は早い。

◎ 北にいくほど、昼が短い。

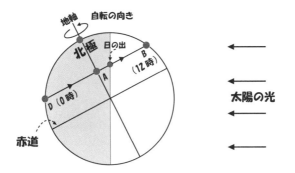

次は、「冬至の日」です。北半球の地軸は、太陽と逆の方向に傾いていますから、上図のようになります。

「日の入り」は、「日の出」のちょうど向こう側です。「夏至の日」と同じく、Bが12時（南中）で、Dが0時（真夜中）は、変わりません。いっぽう、Aは「日の出」前でまだ暗く、C（Aの向こう側）も「日の入り」後で暗いです。

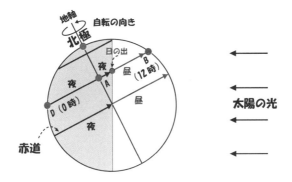

南中時刻は変わらず、「日の出」が遅く「日の入り」が早いから、昼は短いのです。

なお、昼よりも夜のほうが長いというのは、「冬至の日」だけではありません。「地球の公転運動」の図でも示したように、地球が「春分・秋分の日」よりも「冬至の日」側にあるときは、昼よりも夜のほうが長くなります。

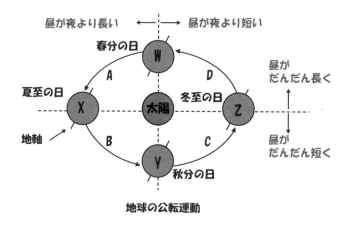

地球の公転運動

「夏至の日」とは逆に、北へいくほど、夜が長くなっていますね。さらに北へいくと、昼のない所があります。太陽が昇らない、「極夜（きょくや）」とは、この地域におこる現象です（右図が「冬至の日」）。

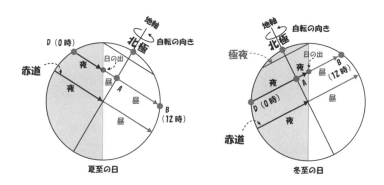

あらためて、赤道地帯を、もう一度ながめてみましょう。1年を通して、昼の長さと夜の長さが同じです。**「日の出」「南中」「日の入り」「昼の長さ」と、地球上の場所（北か南か）との関係**を、頭の中で整理してください。

【「南中高度」の最重要ポイント】

◎「春分・秋分の日」の南中高度＝90度－緯度

◎「夏至の日」の南中高度＝90度－緯度＋地軸の傾き

◎「冬至の日」の南中高度＝90度－緯度－地軸の傾き

南中高度の定義は、理科というよりも算数に近く、しかも小学校で習わない部分もありますが、念のため説明を加えておきます。下図で、B地点は12時（南中）でした。このB地点の地平線を、図示するとどうなるのか考えてみましょう。

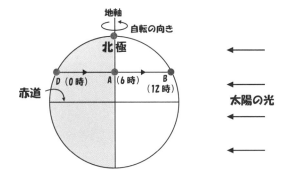

まず、「接線」ということを、理解する必要があります。

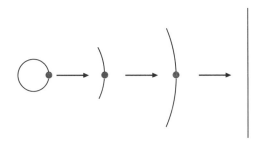

上図で、1番目の円にしるした、赤い丸印の部分のみを、拡大して書くと2番目になります。2番目にしるした、赤い丸印の部分のみを、拡大すると3番目に。これをくり返していくと、最後にたどりつくのが、右の直線です。

円を、ものすごく小さな、直線の集まりと考えても良いです。 円の半径に直角な、円上の直線を、「接線」といいます。B地点の地平線は、B点における「接線」です。

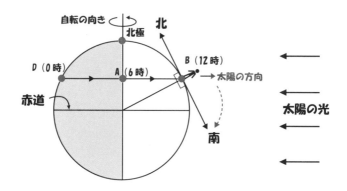

上図で、B地点から見て北極方向が北で、南極方向が南です。B地点から「太陽の光」が来る方向を指さして、そのまま地平線におろすと南方向になるので、B地点では太陽が南中していることになります。

南中高度とは、「地平線」と「太陽の方向」との角度ですから、南中（12時）しているB地点の太陽高度は、

「春分・秋分の日」の南中高度 ＝ 90度－緯度　となります。

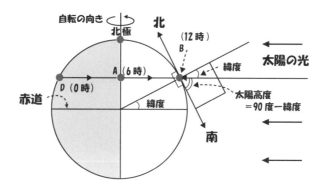

「夏至の日」は、地軸が太陽の方向（時計回り）に傾くので、B地点の地平線も時計回りに傾きます。その分だけ太陽高度も増して

「夏至の日」の南中高度＝ 90 度－緯度＋地軸の傾き

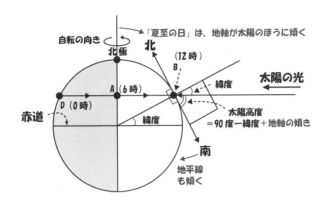

「冬至の日」は、地軸が太陽と逆の方向（反時計回り）に傾くので、B地点の地平線も反時計回りに傾きます。その分だけ太陽高度も減り

「冬至の日」の南中高度＝ 90 度－緯度－地軸の傾き

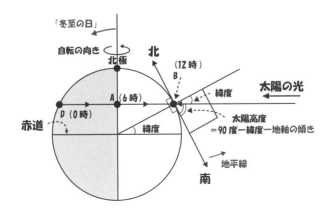

▶▶【15 日目】地学（太陽の動き 3 ）

【「緯度・経度」の最重要ポイント 1】

◎「緯度が同じで経度の異なる」地点を比べると、

「日の出・南中・日の入り・真夜中」すべて東の地点が早い。

下図は、「夏至の日」のようすを示しています。

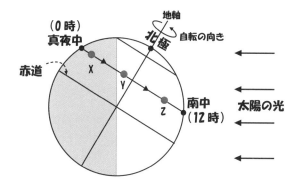

地点 X と Y と Z は、**緯度が同じで経度の異なる** 3 地点で、校庭でいう
と同じトラックを走っているような感じです。先頭を Z が走り、続い
て Y、最後に X が走っています。

同じトラックですから、後ろの走者が前の走者を追い抜くことはありま
せん。順番は、変わらないのです。

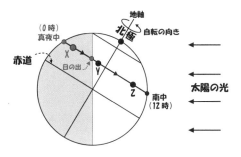

上図で、地点Xは真夜中の直後です。やがて「日の出」をむかえよう
としていますね。

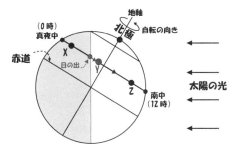

地点Yは、すでに「日の出」のあとです。

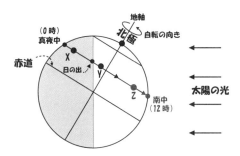

地点Zは、まもなく南中をむかえようとしています。「日の出」も「南中」
も「日の入り」も「真夜中」も、必ず地点Zが最初にむかえ、続いて
地点Y、最後に地点Xとなり、順番は変わりません。

**緯度が同じで、経度の異なる地点を比べると、「日の出」も「南中」も「日
の入り」も「真夜中」も、すべて東の地点が早くむかえます。**

【「緯度・経度」の最重要ポイント 2】

◎「経度が同じで緯度の異なる」地点を比べると、

　「南中・真夜中」を同時にむかえて、

　「日の出・日の入り」のタイミングは異なる。

　1年を通じて、北にいくほど南中高度は低い（影は長い）。

下図は、「夏至の日」のようすを示しており、地点XとYとZは、経度が同じで緯度の異なる3地点です。図を見て分かるように、**経度が同じ3地点は、「南中」と「真夜中」を同時にむかえます。**

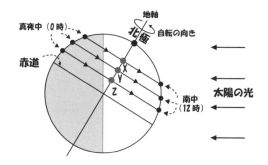

ところが、「夏至の日」ですから、北にいくほど昼は長いです。つまり、北にいくほど「日の出」は早く、「日の入り」は遅くなります。

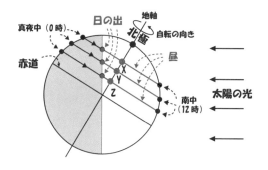

逆に、「冬至の日」は、北にいくほど昼が短いので、**北にいくほど「日の出」は遅く、「日の入り」は早く**なるわけです。

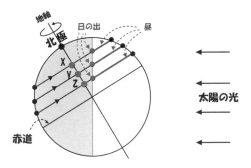

「夏至の日」の南中高度 = 90 度 – 緯度 + 地軸の傾き（23.4 度）
「春分・秋分の日」の南中高度 = 90 度 – 緯度
「冬至の日」の南中高度 = 90 度 – 緯度 - 地軸の傾き（23.4 度）

という関係から、**1 年を通じて、北にいくほど（緯度が高いほど）南中高度は低く**なります。

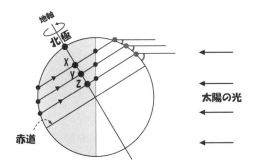

南中高度が、北にいくほど低いということは、**南中時の影の長さは、1 年を通じて北にいくほど長い**ということです。

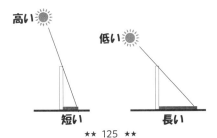

【「地球の自転・公転」と「太陽の動き」との関係】

最後に、地球の「自転」「公転」と、太陽の関係をまとめておきましょう。
図は、地球の北極上空から見たものです。分かりやすくするために、長
さや角度は「おおげさ」に描いています。

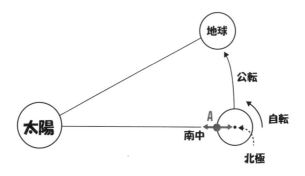

地球は、自転も公転も、反時計回りです。 地点 A は、太陽が南の方向（北
極と反対方向）だから、南中しています。

地球が 1 回転分の自転をしたとき、地点 A が B にきたとします（同時
に公転もしているから）。B にいる時点では、太陽が南の方向ではあり
ませんから、まだ南中していません。

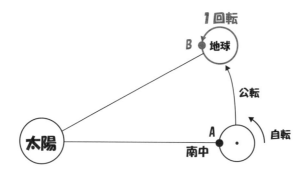

地球の公転は、1年で360度、1日に約1度。下図の左下「1度」というのは、地球が1日に公転した角度です。右上の「1度」は、算数的（錯角）に求められます。

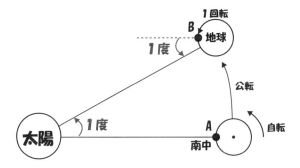

したがって、太陽がふたたび南中するためには、右上の「1度」分だけ、さらに自転によって移動して、Cにたどり着く必要があるわけです。

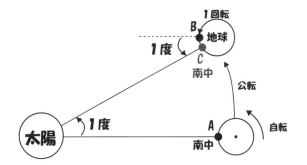

24時間で360度の自転をするので、1度分だけ自転するのに、かかる時間は約4分です（24時間×60分÷360度）。

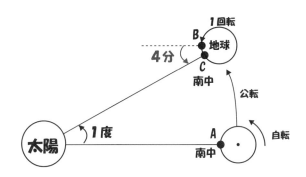

地球の時間システムは、太陽が南中してから翌日に南中するまでを、24 時間としています。つまり、地点 A が C にたどり着くまでの時間が、24 時間です。

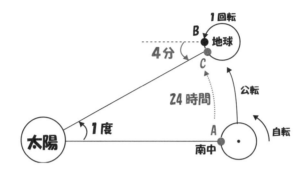

ということは、地球が自転で 1 回転するのに必要な時間は、23 時間 56 分ということになります。

「1 日＝ 24 時間」という考え方には、地球の「自転」も「公転」も含まれているわけです。

▶▶ 【16 日目】化学（ろうそくの燃焼）

「ろうそく」に火をつけると、ほんの小さな炎が「しん」の先にともります。すぐに大きな炎となって、その後は燃え続けるわけです。この間わずか１分ほどの間に何がおこるのか、解説していきましょう。

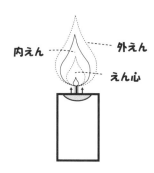

内えん ------ 外えん

------ えん心

「ろうそくの燃焼」を理解するために、私たちは**化学に共通する２つの仕組み**を知る必要があります。化学テーマの基本と考えてください。

【学習の段階】

1. 単純に覚える

2. 仕組みを理解する

3. 練習して身につける

【化学テーマの基本】

◎ 物質は、部品でできている。

「ろう」の部品は、「C：炭素」「H：水素」「O：酸素」。

◎ 物質を熱し続けると、部品に分解する。

【物質は、部品でできている】

ここにあるのは、1枚のノート（紙）。まず半分に切って、さらに半分
半分と切っていけば、やがて目に見えないほど小さくなります。小さく
ても、紙であることに変わりはありません。

**この小さな紙を、さらに半分ずつ、永久に切り続けることはできるので
しょうか？**

算数で分数を習っていて、分母がどんなに大きくてもゼロにならないこ
とを知っている人は、「できる」と答えるかもしれませんね。でも正解は、
「できない」のです。

時計を例にして、考えてみましょう。

時計は、短針・長針・文字盤・歯車などの部品からできています。**分解
してしまえば、そこにあるのは部品であって、時計ではありません。**

紙を半分ずつに切っていけば、やがて、**もっとも小さな紙のツブ**にたどりつくのです。そのツブとは、紙の「分子」。時計に置きかえてみると、次のようになります。

分子

分子というのは、部品の集まりで、それぞれの部品を「原子」と呼びます。**世の中の物質はすべて、「原子」という部品が組み合わさってできているわけです。**

原子

下には、「原子と周期表」の一部を示しています（原子は全部で118種類）。周期表とは地球上の物質を構成する部品（原子）を、重さが軽い順に並べたものです。

覚える必要はまったくありませんが、すこしだけ見てみましょう。部品には、必ず「記号と名前」がついています。

1　H 水素								2　He ヘリウム
3　Li リチウム	4　Be ベリリウム	5　B ホウ素	6　C 炭素	7　N 窒素	8　O 酸素	9　F フッ素		10　Ne ネオン
11　Na ナトリウム	12　Mg マグネシウム	13　Al アルミニウム	14　Si ケイ素	15　P リン	16　S 硫黄	17　Cl 塩素		18　Ar アルゴン

たとえば左上の 1 番目に「H」という記号の部品（原子）があり、名前は「水素」といいます。**気体の水素ではなくて、「水素」という名前の部品**です。もっとも小さな「気体の水素のツブ（分子）」は、「H（水素）」が 2 個組み合わさっており「H_2」と表現します。**「H（水素）」は最も軽い部品であり、水素は最も軽い気体です。**

気体の水素のツブ

部品（水素）

昔は飛行船や気球の中に、気体の水素を入れていました。最も軽い気体で、浮くのに便利だからです。ところが 1937 年に、ドイツのヒンデンブルク号という飛行船が大爆発事故をおこしてからは、次に軽い気体であるヘリウムに変わりました。

右上にある「He（ヘリウム）」は、気体のヘリウム。ヘリウムは 2 番目に軽く、しかも燃えないため、いまでは飛行船・気球・アドバルーン・風船などで利用されています。

6番目に「C」という記号の部品（原子）があり、名前は「炭素」といいます。**「すす」「鉛筆のしん」「炭（すみ）」のおもな部品は、「C（炭素）」です。**

8番目に「O」という記号の部品（原子）があり、名前は「酸素」といいます。**最も小さな気体の酸素のツブは「O_2」です。**

気体の酸素のツブ

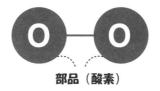

部品（酸素）

【「エイチ・ツー・オー」と「シー・オー・ツー」】

燃焼とは、物質が酸素と結びつくこと。酸素と化合するので、「酸化」ともいいます。

部品の「H（水素）」2個が、1個の「O（酸素）」と結びついて、「H_2O（エイチ・ツー・オー）」となるわけですね。

水＝エイチ・ツー・オー

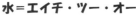

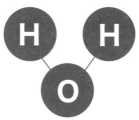

水素自動車は水素を積んで、周りの空気中の酸素を使って燃焼させ、そのエネルギーで走ります。燃焼の結果できるのは、水だけです。

部品の「C（炭素）」1 個が、2 個の「O（酸素）」と結びついて、「CO_2（シー・オー・ツー）」となります。2 個の酸素と結びついた（化合した）炭素だから、二酸化炭素。

炭火を使うときは、一酸化炭素中毒に注意してください。窓をしめきって酸素がたりない状態だと、完全燃焼できず不完全燃焼となります。

そのときに、部品の「C（炭素）」は 1 個の「O（酸素）」と結びついて、毒性の強い「CO（一酸化炭素）」となってしまうのです。部屋の中で燃焼する時は、換気に注意しましょう。

【ろうそくの部品】
本題の「ろうそく」で大事なのは、「ろう」は「C（炭素）」と「H（水素）」と「O（酸素）」という 3 種類の部品からできていることです。

それぞれの部品の数は、「ろう」の種類によって異なります。

【物質を熱し続けると、部品に分解する】

固体を熱すると液体に、液体を熱すると気体になります。気体をさらに熱すると、どうなるのでしょうか。最も小さなツブである気体の分子は、熱し続けると分子の状態ではいられなくなってしまい、**部品（原子）に分解**してしまうのです。これを「**熱分解**」といいます。

物質を熱し続けると？

固体 ⇨ 液体 ⇨ 気体 熱分解⇨ 部品

気体の「ろう」をさらに熱すると、もはや「ろう」ではいられなくなって、部品の「**C（炭素）**」と「**H（水素）**」と「**O（酸素）**」に分解してしまいます。

ろうそくの燃焼

ろう（固体）⇨ ろう（液体）⇨ ろう（気体）熱分解⇨ C：炭素　H：水素　O：酸素（部品）

そして「C（炭素）」と「H（水素）」は、燃焼して酸素と結びつきます（酸化）。**「O（酸素）」は燃焼しません**（**助燃性**のみ：物が燃えるのを助けるはたらき）。

「C（炭素）」は燃焼（酸化）して、「CO_2（二酸化炭素）」に、「H（水素）」は燃焼（酸化）して、「H_2O（水）」になります。

ろうそくの燃焼

ろう（固体）⇨ ろう（液体）⇨ ろう（気体）熱分解⇨ C：炭素 ⇨ CO_2：二酸化炭素　H：水素 ⇨ H_2O：水　O：酸素 ⇨ **燃焼しない**

「ろう」は部品の炭素・水素・酸素に分解して、部品が燃焼して二酸化炭素と水（水じょう気）になるため、あとには何も残らないのです。

【学習の段階】

1. 単純に覚える

2. 仕組みを理解する

3. 練習して身につける

【最重要ポイント】

◎ 「ろう」の部品は「炭素」「水素」「酸素」。

◎ 「炭素」は燃焼して、「二酸化炭素」に。

◎ 「水素」は燃焼して、「水」に。

◎ 「酸素」は燃焼しない（助燃性のみ）。

◎ ガスやアルコールは部品に「炭素」が少なく、「すす」も少ない。

◎ 上昇気流によって、燃焼し続けるための酸素を供給。

これで、やっと準備が整いました。わずか1分ほどの間におこることを、6つに分けて解説していきましょう。

【1】

ろうそくの「しん」に火をつけると、「しん」だけが燃えてポッと小さな炎がつきます。ろうそくは、もちろん固体です。

固体の
ろう

【2】

「しん」の周りは炎であたためられて、**「固体のろう」は溶けて「液体の
ろう」**に。「しん」の周りは、液体になっていることが分かります。

液体の
ろう

【3】

「液体のろう」は、「しん」を伝わって上がっていきます。

バケツに水を入れてゾウキンを半分つけておくと、やがてゾウキンの中
に水がしみこんでいって、外に水がポタポタとたれますね。ゾウキン（布）
は繊維でできていて、多くの細いすきまがあります。

液体の水には「毛細管現象」といって、**細いすきまの中を進んでいく性
質**があるのです。ろうそくの「しん」にも、同じ現象がおこります。

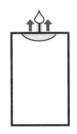

【4】

「液体のろう」が「しん」を伝わって上がった先に炎があるわけですから、
「液体のろう」はあたためられて「気体のろう」に。この「気体のろう」
の部分が、**「えん心」**です。えん心に細いガラス管を入れると、白いけ
むりが出てきます。

けむりは目に見えるので気体ではありません。ガラス管からでてきた「気体のろう」が、まわりの空気に冷やされて、小さな「液体のろう」のツブになったのです。このけむりにマッチの炎を近づけると、すぐに「気体のろう」になって、炎を出して燃えます。

【5】

「気体のろう」は、炎でさらに熱されます。ついに「ろう」ではいられなくなり、**部品の「C（炭素）」と「H（水素）」と「O（酸素）」に熱分解**するのです。

熱分解によって部品の状態になった部分が、**「内えん」**です。　炭素の集まりが、「すす」。「すす」は炭と同じように、「内えん」の中で炎をあげずにポッと明るくかがやいています。

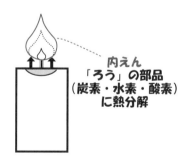

「内えん」にガラス管を入れると、黒いけむり（すす）が出てきます。これは「すす」ですから、マッチの炎を近づけると炭と同じように炎をあげずにポッと明るくかがやくわけです。

【6】

「外えん」には新しい酸素が与えられ続けるので、完全燃焼します。

部品の「C（炭素）」「H（水素）」「O（酸素）」のうち、燃焼するのは「C（炭素）」と「H（水素）」（酸素は助燃性のみ）。

「C（炭素）」は燃焼（酸化）して「CO_2（二酸化炭素）」に、
「H（水素）」は「H_2O（水・水じょう気）」になります。

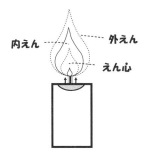

【アルコールランプの「すす」が少ない理由】

ガスやアルコールも、部品は「C（炭素）」と「H（水素）」と「O（酸素）」です。それぞれ、「ろう」と比べて部品の数の組み合わせが異なります。

ガスバーナーやアルコールランプは「ろう」に比べて「すす」が少ない
のですが、その理由は**ガスやアルコールの部品には「C（炭素）」が少
ない**からです。

【ろうそくが燃焼し続ける理由】
燃焼を続けるためには、常に新しい酸素が供給されなければなりません。
ろうそくをたてにしても横にしても、炎は上を向いていますね。

酸素を供給するのは、「上昇気流」です。

燃焼し続けるための「上昇気流」

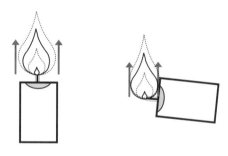

ろうそくのまわりの空気は炎であたためられ、ぼうちょうして軽くなり
上にあがります。すると下から新しい空気がやってくるので、常に新鮮
な酸素が供給され続けるのです。

**下から上にむかう空気の通り道さえ確保されていれば、燃え続けること
ができますね。**

▶▶ 【17日目】生物（植物の呼吸と光合成）

「呼吸」とは**生物（植物・動物）が生きるための活動**であり、「光合成」は**活動に必要な材料の生産**であることを理解してください。

【学習の段階】

> **1. 単純に覚える**

> **2. 仕組みを理解する**

> **3. 練習して身につける**

【「呼吸と光合成」の基本】

◎ 呼吸：全身の細胞が、生きるためのエネルギーをつくる。

◎ 光合成：葉緑体（工場）で、エネルギーの材料を生産する。

【植物と動物の共通点】

植物も動物も生物であり、**生きるための仕組みは同じ**です。全身の細胞が酸素と栄養（でんぷん）を材料にして**24時間365日**、生きるために必要なエネルギーをつくり続けています。

呼吸でエネルギー！

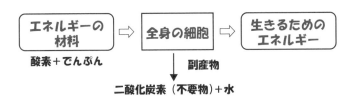

【植物と動物の違い】

生物（植物・動物）が生きるためのエネルギーは、酸素と栄養（でんぷん）を材料にしてつくられます。その**材料を生産**しているのが、植物の光合成。「光合成」を行う**工場は葉緑体**で、**光は材料ではなくて、工場を動かすためのエネルギー**であることに注意してください。

光合成は、「エネルギーの材料」を生産！

生物が生きるための材料（酸素＋栄養）を、「二酸化炭素と水」から生産するのが光合成。なんと、**「二酸化炭素と水」は「呼吸」の副産物**です。まさに、地球最大のキセキですね。

【学習の段階】

1. 単純に覚える

2. 仕組みを理解する

3. 練習して身につける

【最重要ポイント】

◎「呼吸の量」は、朝も昼も夜も常に一定。

◎「光合成の量」は、明るさで変わる。

◎「光合成で生産する酸素の量」

　＝「呼吸で使う量」＋「外に出す量」

【呼吸と光合成】

生物（植物・動物）が生きるための活動として、**「呼吸の量」は朝も昼も夜も常に一定**です。つまり、1日を通して「酸素・でんぷん」は一定の量だけ減り続けているし、「二酸化炭素」は増え続けています。

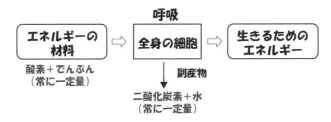

いっぽう、光合成は工場（葉緑体）を動かすのに光エネルギーが必要なため、活動できるのは昼だけ。しかも、**「光合成の量」は明るさで変わる**という点に注意してください。暗いと「光合成の量」は少なく、明るいと「光合成の量」は多いのです。

ここまでの話を、「材料」と「生産物」の関係で並べてみると、以下のようになります。

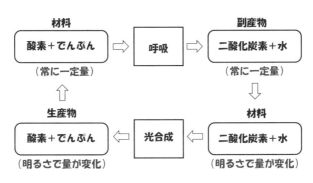

呼吸の材料（酸素・でんぷん）は、光合成の生産物。光合成の材料（二酸化炭素・水）は、呼吸の副産物。しかも、呼吸は常に一定量で、光合成の量は明るさで変化する。

さらに、あまった「酸素・二酸化炭素」は体の外に出しますが、あまった「でんぷん」は体の中にたくわえます。この複雑さのため、最後の授業（17日目）としたのです。

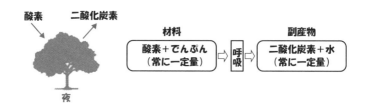

話を夜からはじめましょう。動物も植物も「呼吸」だけをしています。夜は地球上から酸素が減り、二酸化炭素が増えていくのです。

そして日の出ころから、かすかに明るくなってきました。すると工場が動き、**「光合成」がはじまります**。光エネルギーがわずかなので、**工場も少ししか動きません。必要な材料もわずか**です。

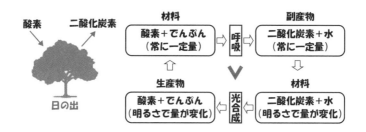

光合成の材料（二酸化炭素・水）をつくるのは、「呼吸」です。**自分の外から材料をもらう必要はありません**。「光合成」よりも「呼吸」の量が多いのです。「呼吸」でできた二酸化炭素と水は、**工場で使ってもあまりますから、体の外に出してしまいます**。

もっと明るくなるとどうなるのでしょう。やがて、**「光合成」と「呼吸」の量が同じになるときがきます。**

「光合成」で必要な材料は、ちょうどすべて「呼吸」でつくられることに。「呼吸」に必要な材料も、ちょうどすべて「光合成」でつくられます。

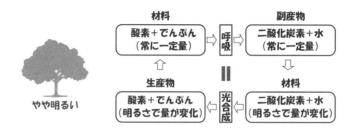

このとき植物を観察すると、外から息をすわず、外に息もはかず、生きるための栄養（でんぷん）も自分でつくりながら生きている状態です。まさに、**完全なる自給自足**といえます。

さらに明るくなると、**「光合成」の量が「呼吸」をうわまわる**ようになります。酸素も栄養（でんぷん）も、生きるために必要な量より多くつくられるわけです。

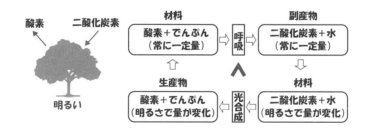

あまった酸素は外にはきだし、あまった栄養（でんぷん）は、体の中にたくわえます。 これらが、動物にとっての生きる力になるわけです。

以上の仕組みを、グラフで表現してみます。下図において、たて軸は「植物が体の外に出す酸素の量」、横軸が「光の強さ」です。光が強いほど光合成の量は多くなり、植物が外に出す酸素の量も増えます。ただし、光が一定の強さをこえると光合成の量は変わりません。

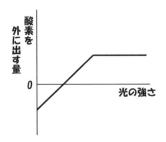

A 点は夜で、光がゼロの状態。呼吸に必要な酸素はすべて外の空気からすっており、たて軸はマイナスとなります。

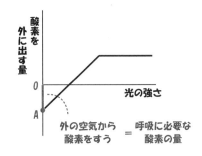

ここで、覚えておいていただきたいのは、「呼吸の量は一定」ということ。朝も昼も夜も、上に示された酸素の量だけ生きるために必要なのです。A 点では光合成をまったく行っていないため、必要な酸素をすべて外の空気から得ていることになります。

夜が明けて光がさしてくると、光合成がはじまります（B点）。光合成
で生産した酸素を呼吸に使いますが、たりない分を外からすっている状
態です。

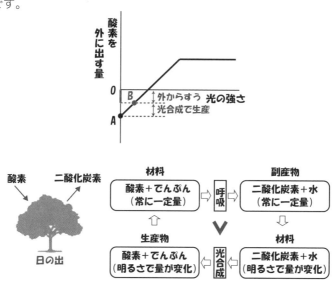

さらに光が強くなって、光合成の量も増しました（C点）。ちょうど呼
吸に必要な酸素を生産しており、完全な自給自足の状態です。

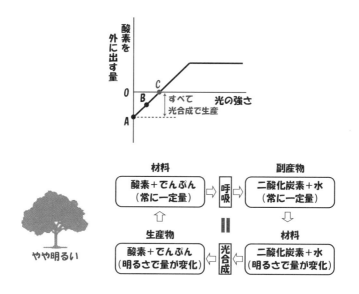

さらに明るくなると光合成の量も増えて、生産する酸素と栄養（でんぷん）が、呼吸に必要な量をうわまわるようになります。

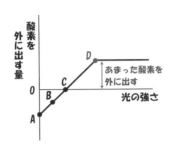

あまった酸素は外にはきだし、あまった栄養（でんぷん）は、体の中にたくわえます。これらが、動物にとっての生きる力になるわけです。

以上のように、グラフ的には「光合成で生産する量＝外に出す量＋呼吸に使う量」であり、Ｄ点より光が強くなっても光合成の量は変わらないことに注意してください。

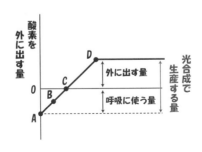

これまでに説明してきた「呼吸」と「光合成」の関係を、1つの図に整理しました。この図を、自分で書けるようになったら最高ですね！

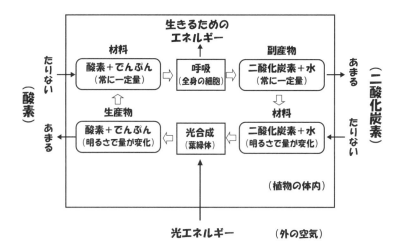

第3章 暗記テーマの覚えかた

あいた時間を有効に使って、効率的に得点してしまいましょう。

1 地学（岩石：ごろ合わせ）

火成岩（火山岩と深成岩を組み合わせた言葉）の意味に加えて、点を取るためには具体的な岩石の名前を覚える必要があります。

深成岩：　　　カコウ岩　　　　センリョク岩　　　　ハンレイ岩
火山岩：　　リュウモン岩　　　アンザン岩　　　　　ゲンブ岩

岩石の名前を記入するよりも、入試では**選択式**がほとんどです。このような場合は、**頭文字**だけ覚えていれば得点できます。

「**新幹線は刈り上げ**」と覚えておきましょう。

深成岩（シン）：カコウ岩（カン）　センリョク岩（セン）　ハンレイ岩（ハ）

火山岩（カ）：　リュウモン岩（リ）　アンザン岩（ア）　　ゲンブ岩（ゲ）

新幹線は刈り上げ！

【解説】
「刈り上げ（かりあげ）」とは、後頭部や側頭部の髪を、
ハサミやバリカンなどで短く切った髪型のこと。

---

2 生物（セキツイ動物の分類：特ちょう）

セキツイ動物の分類で、間違えやすいものを集めました。すべて正解できるようになれば、このテーマは安心して良いでしょう。

> 次の動物を、
> 「魚類」「両生類」「は虫類」「鳥類」「ほ乳類」
> に分類しましょう。
>
> ペンギン、サンショウウオ、カモノハシ、ヤモリ、
> アザラシ、サメ、ダチョウ、イモリ、イルカ、カメ、
> シャチ、エイ、コウモリ、ワニ、タツノオトシゴ、
> アシカ、ヘビ、イカ

イカを魚類と答える人がいますが、イカには背骨がありません。セキツイ動物ではなく**軟体動物**ですから、「ひっかけ問題」には注意してくださいね。

【解答】

> 魚類：サメ、エイ、タツノオトシゴ
> 両生類：サンショウウオ、イモリ
> は虫類：ヤモリ、カメ、ワニ、ヘビ
> 鳥類：ペンギン、ダチョウ
> ほ乳類：カモノハシ、アザラシ、イルカ、シャチ、アシカ、コウモリ

【解説】

魚類は一生を水中で生活するので、あまり迷うこともなく分かりやすい動物ですね。姿かたちを見れば、泳ぐようすで明らかでしょう。

魚類のうち、最も間違えやすいのが**タツノオトシゴ**。尾ビレと腹ビレは
ありませんが、他のヒレは残っており、背ビレと小さな胸ビレを使って
ゆっくりと泳ぎます。

サンショウウオは「ウオ」がつくものの、前足・後ろ足に指があります。
ヒレを持つ魚類とは、まったく異なりますね。

次に間違えやすいのが、「**両生類のイモリ**」と「**は虫類のヤモリ**」。理科
の世界では２つとも有名な生き物ですから、絶対に間違えないでくだ
さいね。

イモリは漢字で「**井守**」と書きます。井戸の「井」がつくので、水に関
係のある両生類だと考えましょう。ヤモリは漢字で「**家守**」。家の守り
神なのです。絵を見て答える問題であれば、**指先**を見比べてください。
指先が吸盤のように広がっているのがヤモリで、そうでないのがイモリ
です。

ヤモリ
家守

イモリ
井守

ヤモリが有名なのは、吸盤のような**指先で壁も天井も自由に動きまわる**ことができるから。これは吸盤ではありません。こんなクツがあれば宇宙飛行士にとても便利だろうと、アメリカの NASA でも仕組みを研究しているようです。

イモリが有名なのは、**再生する力**が非常に強いから。トカゲのしっぽを切ると再生することは有名ですね。

イモリの場合は、しっぽどころか、足・あご・眼球のレンズも再生します。なんと、心室（心臓の部屋）の半分を切り取っても再生するそうです。「再生医療」の、お手本といえるでしょう。

ペンギンが水中を泳ぐ姿を見たことはありますか？

よく見ると、ペンギンは鳥の羽ばたきと同じ動きをしています。**水中を飛んでいる**のです。ダチョウは逆に、飛ばないことを選んだ鳥類なのですね。

ほ乳類は「哺乳類」と書きます。「哺」という漢字は、「口で食べる」という意味。カモノハシは卵で生まれますがお乳で育つので、定義では「ほ乳類」ということになります。カモのようなクチバシ、足には水カキを持つ不思議な生物ですが、これは覚えるしかありません。

ほ乳類は頭が最も良いのか、水族館でショーをしているのはすべて「ほ乳類」ですから、迷ったら**芸をするかどうか**ですね。

コウモリは鳥類に見えますが、ほ乳類なので注意してください。ツバサのように見えるのは、長い指の間に「うすい皮」をはったもの。しかも、鳥にはない歯がありますよ（ドラキュラみたいに）。

生物（人体の消化液：表の形）

消化液の役割（下図）を、どう覚えるか。

器官	消化液	でんぷん	たんぱく質	しぼう
口	だ液	麦芽糖		
胃	胃液		ペプトン	
十二指腸	たん液			細かいしぼう
	すい液	ブドウ糖　麦芽糖	ペプチド	しぼう酸　モノグリセリド
小腸	腸液	ブドウ糖	アミノ酸	

「でんぷん・たんぱく質・しぼう」が、消化液で何に変化するのかを問われることは少ないので、下図を覚えることにします。つまり、「でんぷん・たんぱく質・しぼう」の消化に関係しているのは、どの消化液なのかということです。

器官	消化液	でんぷん	たんぱく質	しぼう
口	だ液	○		
胃	胃液		○	
十二指腸	たん液			○
	すい液	○　○	○	○
小腸	腸液	○	○	

上図を、「表の形」で覚えることにしましょう。表の**「横軸」「たて軸」「○の位置」**の３つを覚えてしまうという方法です。

【横軸】

横軸については、「でんぷん・たんぱく質・しぼう」の頭文字をとって、「で・た・し（出たし）」と覚えましょう。

器官	消化液	でんぷん	たんぱく質	しぼう
口	だ液			
胃	胃液			
十二指腸	たん液			
	すい液			
小腸	腸液			

【たて軸】

たて軸については、消化器官の上から下に向けて、人体図を参考にしながら完全に覚えてください。この並びかたは、とても重要です。だ液、胃液、たん液、すい液、腸液の順となります。

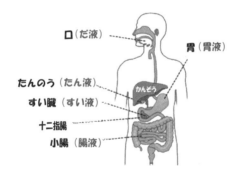

ちなみに、「かん臓」でつくって「たんのう」にたくわえた「たん液」と、「すい臓」でつくられた「すい液」が、「十二指腸」に送られて消化液としてはたらきます。

器官	消化液	でんぷん	たんぱく質	しぼう
口	だ液			
胃	胃液			
十二指腸	たん液			
	すい液			
小腸	腸液			

器官	消化液	でんぷん	たんぱく質	しぼう
口	だ液	○		
胃	胃液		○	
十二指腸	たん液			○
	すい液	○ ○	○	○
小腸	腸液	○	○	

表の「横軸」と「たて軸」だけ覚えておき、表の赤い丸印を上から順にたどっていきます。単語の頭だけ見ると、「でんぷん」は「で」、たんぱく質は「た」、「しぼう」は「し」ですね。

だ液は「で」、胃液は「た」、たん液は「し」。すい液には「全部」丸がついて、腸液は「で」と「た」。
「で」「た」「し」「全部」「で」「た」

出たし！　全部出た！

消化液の覚えかたとして、ふさわしいですね。

器官	消化液	でんぷん	たんぱく質	しぼう
口	だ液	㋺		
胃	胃液		㋫	
十二指腸	たん液			㋛
	すい液	○ ○	○	○ 全部
小腸	腸液	㋺	㋫	

4 化学（金属と水溶液：表の形）

金属が水溶液に溶けて水素を発生する問題では、どの金属が何の水溶液に溶けるのか溶けないのか、完全に覚えておく必要があります。具体的には、次の表を覚えなければなりません。

	アルミニウム	亜鉛	鉄	銅
塩酸・りゅう酸	はげしく発生	はげしく発生	おだやかに発生	発生しない
水酸化ナトリウム水溶液	はげしく発生	条件によっては発生（注）	発生しない	発生しない

（注）亜鉛は、こい水酸化ナトリウム水溶液に入れて加熱すると、溶けて水素が発生する。

これを、表の形で覚えてみましょう。まず、表を次の形に置きかえます。何となく、覚えやすくなった気がしませんか？

	アルミニウム	亜鉛	鉄	銅
塩酸・りゅう酸	◎	◎	○	×
水酸化ナトリウム水溶液	◎	△	×	×

◎：はげしく発生　○：おだやかに発生　×：発生しない　△：条件によっては発生

上図は、よく見ると「◎」と「×」の位置が点対象になっていますね。そこで、「横軸」「たて軸」「◎×○△」の形で覚えるわけです。

	アルミニウム	亜鉛	鉄	銅
塩酸・りゅう酸	◎	◎	○	×
水酸化ナトリウム水溶液	◎	△	×	×

◎：はげしく発生　○：おだやかに発生　×：発生しない　△：条件によっては発生

【横軸】

「アルミニウム」「亜鉛」「鉄」「銅」と、単純に覚えます。

	アルミニウム	亜鉛	鉄	銅
塩酸・りゅう酸	◎	◎	○	×
水酸化ナトリウム水溶液	◎	△	×	×

◎：はげしく発生　○：おだやかに発生　×：発生しない　△：条件によっては発生

【たて軸】

「酸性」「アルカリ性」の順ですから、覚えやすいでしょう。

	アルミニウム	亜鉛	鉄	銅
塩酸・りゅう酸	◎	◎	○	×
水酸化ナトリウム水溶液	◎	△	×	×

◎：はげしく発生　○：おだやかに発生　×：発生しない　△：条件によっては発生

【◎と×】

	アルミニウム	亜鉛	鉄	銅
塩酸・りゅう酸	◎	◎	○	×
水酸化ナトリウム水溶液	◎	△	×	×

◎：はげしく発生　○：おだやかに発生　×：発生しない　△：条件によっては発生

【○と△】

	アルミニウム	亜鉛	鉄	銅
塩酸・りゅう酸	◎	◎	○	×
水酸化ナトリウム水溶液	◎	△	×	×

◎：はげしく発生　○：おだやかに発生　×：発生しない　△：条件によっては発生

この問題が出たら、問題用紙のあいた部分に書いておきましょう。

5 化学（水溶液の性質：セットにする）

すべてを完ペキに覚えておかないと、得点できません。さまざまな実験結果をもとにして、どの試験管に何の水溶液が入っているかを考える問題が多いからです。

うろ覚えの部分があると、いもづる式に分からなくなってしまいますので、注意しましょう。

おもな水溶液

液性	水溶液	溶けている物質	状態	特徴
酸性	塩酸	塩化水素	気体	鼻をさす臭いがある
	りゅう酸	りゅう酸	液体	
	酢酸	酢酸	液体	鼻をさす臭いがある
	ほう酸水	ほう酸	固体	
	炭酸水	二酸化炭素	気体	石灰水と混ぜると白くにごる
中性	食塩水	食塩	固体	
	砂糖水	砂糖	固体	熱すると黒くこげる
	アルコール水	アルコール	液体	特有の臭い
アルカリ性	水酸化ナトリウム水溶液	水酸化ナトリウム	固体	
	石灰水	消石灰	固体	炭酸水と混ぜると白くにごる
	アンモニア水	アンモニア	気体	鼻をさす臭いがある
	じゅうそう水	じゅうそう	固体	

【1】水溶液に溶けている物質

水溶液の名前は、問題文に書いている複数の水溶液から選ぶことがほとんど。しかも、溶けている物質名の多くは、水溶液名に出ています。

おもな水溶液

液性	水溶液	溶けている物質	状態	特徴
酸性	塩酸	塩化水素	気体	鼻をさす臭いがある
	りゅう酸	りゅう酸	液体	
	酢酸	酢酸	液体	鼻をさす臭いがある
	ほう酸水	ほう酸	固体	
	炭酸水	二酸化炭素	気体	石灰水と混ぜると白くにごる
中性	食塩水	食塩	固体	
	砂糖水	砂糖	固体	熱すると黒くこげる
	アルコール水	アルコール	液体	特有の臭い
アルカリ性	水酸化ナトリウム水溶液	水酸化ナトリウム	固体	
	石灰水	消石灰	固体	炭酸水と混ぜると白くにごる
	アンモニア水	アンモニア	気体	鼻をさす臭いがある
	じゅうそう水	じゅうそう	固体	

水溶液の名前に物質名が出てこないのは、塩酸（塩化水素）と炭酸水（二酸化炭素）と石灰水（消石灰）だけです。

おもな水溶液

液性	水溶液	溶けている物質	状態	特徴
酸性	塩酸	塩化水素	気体	鼻をさす臭いがある
	りゅう酸	りゅう酸	液体	
	酢酸	酢酸	液体	鼻をさす臭いがある
	ほう酸水	ほう酸	固体	
	炭酸水	二酸化炭素	気体	石灰水と混ぜると白くにごる
中性	食塩水	食塩	固体	
	砂糖水	砂糖	固体	熱すると黒くこげる
	アルコール水	アルコール	液体	特有の臭い
アルカリ性	水酸化ナトリウム水溶液	水酸化ナトリウム	固体	
	石灰水	消石灰	固体	炭酸水と混ぜると白くにごる
	アンモニア水	アンモニア	気体	鼻をさす臭いがある
	じゅうそう水	じゅうそう	固体	

受験生なら塩酸（塩化水素の水溶液）を知らなければならないし、炭酸水に二酸化炭素が溶けていることは、すでに多くの人が分かっているでしょう。結局、覚える必要があるのは、**「石灰水に溶けているのは消石灰」**だけとなりますね。

消石灰は、土の酸性をやわらげるために使うので、園芸店で売られています。消石灰を加えることによって、植物が好む土の質に変えるのです。園芸店で確認すれば分かると思いますが、白い粉だから固体です。

以前は、校庭に白線を引くときに使っていましたが、目に入ると危険なため、現在は別のものが使われています。消石灰は分かりやすいので、すぐに覚えられるでしょう。

【2】水溶液に溶けている物質の状態（固体・液体・気体）

次に覚えるのは、溶けている物質の状態（固体・液体・気体）です。
水溶液を蒸発皿に入れて加熱すると、固体が溶けていれば蒸発皿に残る
し、液体や気体であれば水とともに蒸発してしまいます。実験結果で皿
に固体が残ったかどうかによって、水溶液を見分けていくわけです。

おもな水溶液

液性	水溶液	溶けている物質	状態	特徴
酸性	塩酸	塩化水素	気体	鼻をさす臭いがある
	りゅう酸	りゅう酸	液体	
	酢酸	酢酸	液体	鼻をさす臭いがある
	ほう酸水	ほう酸	固体	
	炭酸水	二酸化炭素	気体	石灰水と混ぜると白くにごる
中性	食塩水	食塩	固体	
	砂糖水	砂糖	固体	熱すると黒くこげる
	アルコール水	アルコール	液体	特有の臭い
アルカリ性	水酸化ナトリウム水溶液	水酸化ナトリウム	固体	
	石灰水	消石灰	固体	炭酸水と混ぜると白くにごる
	アンモニア水	アンモニア	気体	鼻をさす臭いがある
	じゅうそう水	じゅうそう	固体	

塩化水素（水素は気体）、酢酸（お酢は液体）、二酸化炭素（気体）、食塩・
砂糖（固体）、アルコール（液体）、水酸化ナトリウム（固体）、消石灰（固
体）は、分かりやすいでしょう。

**「りゅう酸（液体）」「ほう酸（固体）」「アンモニア（気体）」「じゅうそう（固
体）」** には注意してください。

「じゅうそう」は、台所や洗面所を確認してみると、洗剤用として置い
ているかもしれませんよ。

エコそうじ

じゅうそう　クエンさん　せっけん

【3】水溶液の液性（酸性・中性・アルカリ性）

次は、液性（酸性・中性・アルカリ性）です。酸性の水溶液には、「酸」という文字が入っていますから、間違える人はいないでしょう。ちなみに、「水酸化ナトリウム水溶液」にも「酸」はつきますが、まさか「酸性」と考える受験生はいませんよね。

おもな水溶液

液性	水溶液	溶けている物質	状態	特徴
酸性	塩酸	塩化水素	気体	鼻をさす臭いがある
	りゅう酸	りゅう酸	液体	
	酢酸	酢酸	液体	鼻をさす臭いがある
	ほう酸水	ほう酸	固体	
	炭酸水	二酸化炭素	気体	石灰水と混ぜると白くにごる
中性	食塩水	食塩	固体	
	砂糖水	砂糖	固体	熱すると黒くこげる
	アルコール水	アルコール	液体	特有の臭い
アルカリ性	水酸化ナトリウム水溶液	水酸化ナトリウム	固体	
	石灰水	消石灰	固体	炭酸水と混ぜると白くにごる
	アンモニア水	アンモニア	気体	鼻をさす臭いがある
	じゅうそう水	じゅうそう	固体	

注意が必要なのは、「中性」と「アルカリ性」の見分けかた。

> ◎ 普通になめたり飲んだりするなら、中性の水溶液。
>
> ◎ こんなの、普通はなめたり飲んだりしないでしょ、と思ったらアルカリ性の水溶液。

常識的に考えれば、間違えることはありません。

おもな水溶液

液性	水溶液	溶けている物質	状態	特徴
酸性	塩酸	塩化水素	気体	鼻をさす臭いがある
	りゅう酸	りゅう酸	液体	
	酢酸	酢酸	液体	鼻をさす臭いがある
	ほう酸水	ほう酸	固体	
	炭酸水	二酸化炭素	気体	石灰水と混ぜると白くにごる
中性	食塩水	食塩	固体	
	砂糖水	砂糖	固体	熱すると黒くこげる
	アルコール水	アルコール	液体	特有の臭い
アルカリ性	水酸化ナトリウム水溶液	水酸化ナトリウム	固体	
	石灰水　なめない	消石灰	固体	炭酸水と混ぜると白くにごる
	アンモニア水飲まない	アンモニア	気体	鼻をさす臭いがある
	じゅうそう水	じゅうそう	固体	

【4】 水溶液の「臭い」

次は、「臭い」。鼻をさす臭いは、**「塩酸」**と**「酢酸」**と**「アンモニア水」**です。

「酢酸」は台所で確認してください。かなりうすくても、臭いは強烈ですから注意が必要です。「アンモニア」は、トイレの「臭い」の元。胃液の成分「塩酸」は、トイレ用の洗剤としても用いられています。3つとも、かなり身近な存在なので、覚えやすいでしょう。

おもな水溶液

液性	水溶液	溶けている物質	状態	特徴
酸性	塩酸	塩化水素	気体	鼻をさす臭いがある
	りゅう酸	りゅう酸	液体	
	酢酸	酢酸	液体	鼻をさす臭いがある
	ほう酸水	ほう酸	固体	
	炭酸水	二酸化炭素	気体	石灰水と混ぜると白くにごる
中性	食塩水	食塩	固体	
	砂糖水	砂糖	固体	熱すると黒くこげる
	アルコール水	アルコール	液体	特有の臭い
アルカリ性	水酸化ナトリウム水溶液	水酸化ナトリウム	固体	
	石灰水	消石灰	固体	炭酸水と混ぜると白くにごる
	アンモニア水	アンモニア	気体	鼻をさす臭いがある
	じゅうそう水	じゅうそう	固体	

1つだけ注意しておきたいのが、「アルコール水」。「鼻をさす臭い」ではありません。もしそうだったら、消毒するときに大変ですよ。臭いはしますが、**「アルコール特有の臭い」**です。

【5】 水溶液に溶けている物質の色

最後に色です。

化学で**「黒」が出てきたら、「二酸化マンガン」か「こげた砂糖」**。砂糖はこげますが、食塩はこげません。

おもな水溶液

液性	水溶液	溶けている物質	状態	特徴
酸性	塩酸	塩化水素	気体	鼻をさす臭いがある
	りゅう酸	りゅう酸	液体	
	酢酸	酢酸	液体	鼻をさす臭いがある
	ほう酸水	ほう酸	固体	
	炭酸水	二酸化炭素	気体	石灰水と混ぜると白くにごる
中性	食塩水	食塩	固体	
	砂糖水	砂糖	固体	熱すると黒くこげる
	アルコール水	アルコール	液体	特有の臭い
アルカリ性	水酸化ナトリウム水溶液	水酸化ナトリウム	固体	
	石灰水	消石灰	固体	炭酸水と混ぜると白くにごる
	アンモニア水	アンモニア	気体	鼻をさす臭いがある
	じゅうそう水	じゅうそう	固体	

水分をすってベタベタになった食塩を使いたくない人は、「焼き塩」を使います。加熱して水分を蒸発し、サラサラな食塩にするのです。いくら加熱しても、食塩は白いままで色は変わりません。

そして、最後に「白」です。水溶液で**「白」が出てきたら、石灰水**。石灰水に二酸化炭素を通すと（ストローで息を吹き続けてもよい）、白くにごります。もし、水溶液どうしを混ぜて白くにごったら、相手は二酸化炭素が溶けている炭酸水です。

```
黒 ⇒ 砂糖
白 ⇒ 石灰水＋炭酸水
```

これで、水溶液を完了して、指示薬に移ります。

【6】指示薬の種類と色の変化

指示薬の種類と色の変化

指示薬	酸性	中性	アルカリ性
リトマス紙	青　→　赤	変化なし	赤　→　青
フェノールフタレイン液	無色	無色	赤
BTB液	黄	緑	青
むらさきキャベツ液	赤　ピンク	むらさき	青　緑　黄

酸性やアルカリ性の程度は「pH」という数値で示し、この値は「pHメーター」で調べることができます。

「pH」は「0」から「14」までで、ちょうどまん中の「7」が中性。それよりも小さければ酸性で、値が小さくなるほど強い酸性となります。逆に値が7よりも大きければアルカリ性で、値が大きくなるほど強いアルカリ性です。

したがって、表では左側が酸性で左にいくほど強酸性、右側がアルカリ性で右にいくほど強アルカリ性になっています。

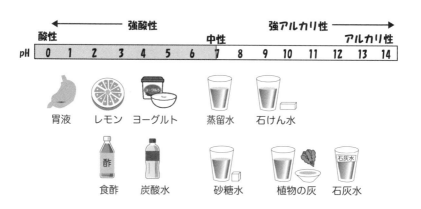

【6-1】「リトマス紙」と「フェノールフタレイン液」

指示薬は、**「リトマス紙」と「フェノールフタレイン液」をセットで覚えます。**

指示薬	酸性	中性	アルカリ性
リトマス紙	青 → 赤	変化なし	赤 → 青
フェノールフタレイン液	無色	無色	赤

まず、リトマス紙が酸性で「青 → 赤」に変わるのを、**「梅干し」**で覚えましょう。梅干しは酸っぱくて（酸性）、「青」い実が「赤」い梅干しに変わるからです。

リトマス紙は、すっぱい（酸性）梅干し！

 青い実 ⇨ 赤い梅干し

酸性	中性	アルカリ性
青 → 赤	変化なし	赤 → 青

【参考】じっさいは、「黄色く熟した梅の実」を、赤い紫蘇の葉で染めます。

そして、「リトマス紙」の色の変化は、酸性とアルカリ性で逆ですから、覚えやすいですね。

次は、フェノールフタレイン液。色の変化が「リトマス紙は酸性で赤」に対して、「フェノールフタレイン液はアルカリ性で赤」と逆になっています。

指示薬	酸性	中性	アルカリ性
リトマス紙	青 → 赤	変化なし	赤 → 青
フェノールフタレイン液	無色	無色	赤

このように、2つの指示薬を組み合わせて覚えるのが効率的です。

【6-2】「BTB液」と「むらさきキャベツ液」

次に、**「BTB液」と「むらさきキャベツ液」を、セットで覚えます。**

指示薬	酸性	中性	アルカリ性
BTB液	黄	緑	青
むらさきキャベツ液	赤　ピンク	むらさき	青　緑　黄

次のようなシーンを、思い浮かべてください。

森の中、ベビーカーで、赤ちゃんがスヤスヤと眠っています。よく見ると、その周りを、多くの何者かが遠くから取り囲んでいる感じ。そして、だんだんベビーカーに近づいているのです。

しかも、さらによく見ると、取り囲んでいるのは「全身が青いミッキーマウス」でした。不気味です。赤ちゃんは、大ピンチ。

赤ちゃん（赤）　ピンチだ（ピンク）　むらがる（むらさき）　青ミッキー（青　緑　黄）

赤ちゃんピンチだ！　むらがる青ミッキー

指示薬	酸性		中性	アルカリ性		
むらさきキャベツ液	赤	ピンク	むらさき	青	緑	黄

　　　　　　　　　　　赤ちゃん　ピンチだ　　むらがる　　青　ミッ　キー

「むらさきキャベツ液」を、左（酸性）から右（アルカリ性）に向けて
覚えることができました。

今度は「BTB液」を、右（アルカリ性）から左（酸性）に向けて見て
ください。「**青ミッキー**」となっています。

指示薬	酸性	中性	アルカリ性
BTB液	黄	緑	青

　　　　　　　　　　キー　　　　ミッ　　　　青

⟵

これで指示薬も完了しました。　一度覚えてしまえば、たまに復習をす
るだけで忘れることはないでしょう。

【まとめ】

- ◎ 石灰水に溶けているのは、消石灰。
- ◎ りゅう酸は液体、ほう酸は固体、アンモニアは気体、じゅうそう
  は固体。
- ◎ 普通になめたり飲んだりするなら、中性の水溶液。
- ◎ 鼻をさす臭いは、「塩酸」「酢酸」「アンモニア水」。
- ◎ アルコールは、特有の臭い。
- ◎ 「黒」は「砂糖」。「白」は「石灰水＋炭酸水」。
- ◎ リトマス紙は「すっぱい梅干し」。
- ◎ フェノールフタレイン液は、リトマス紙の逆。
- ◎ むらさきキャベツ液：赤ちゃんピンチだ！ むらがる青ミッキー！
- ◎ BTB液：（右から）青ミッキー

6 生物（植物分類：脳の仕組みを利用）

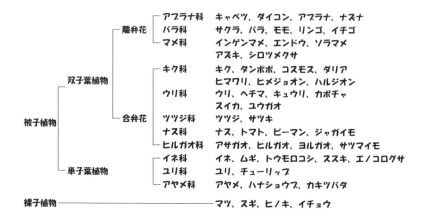

「自然が好きなのに、理科の点が取れません。」という質問を受けることがあります。**どんなに自然が好きでも、理科の点数は取れません。**知識テーマは、覚える必要があるからです。

「昆虫が嫌いなので、覚えられません。」という質問もあります。**「覚える」ということと、「好き・嫌い」「得意・苦手」とは、全く関係がありません。**

学校で、嫌いな人の名前を覚えられないという人は、いないでしょう。同級生の名前を覚えられない人も、いません。身近な人の名前を覚えるのに、一生けんめい努力している人は、とても少ないはずです。

では、なぜ覚えられるのか。それは、毎日学校に行くから。**毎日接しているうちに、自然と覚えてしまう**のです。

人間の脳は、毎日ふれるものを覚えてしまうようになっています。逆に、毎日学校に行って、一人たりとも絶対に名前を覚えるなと言われて、そんなこと、できる人はいませんよね。

今回のテーマで覚える植物は、たったの**51種類**。これだけ覚えれば、合格点を取れるでしょうから、1ヶ月以内に覚えてしまいましょう。同じ学年の生徒（51名）の名前を、自然に覚えてしまう感じですよ。

【まずは、優先順位から】

ものごとには基本パターンがありますから、覚えるのは例外から。例外さえ覚えてしまえば、残りは基本パターンなので、得点するために効率が良いのです。

【優先順位1】

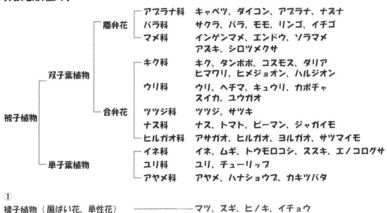

まず、「裸子植物」を覚えます。**マツ・スギ・ヒノキ・イチョウ**と、リズムで一気に覚えてください。この4つだけで充分です。

| マツ | スギ | ヒノキ | イチョウ |

植物の基本は、「虫ばい花」「両性花」。裸子植物は**「風ばい花」「単性花」**ですから、完全に例外です。なかま分けの問題で、裸子植物は別物ですから、これを覚えれば得点できるので、お得です。

【優先順位 2】

毎日食べているご飯は「イネ科」ですが、理科的にはとても大事な植物です。**「風ばい花」**だからです。「イネ科」の植物を覚えてしまえば、**「風ばい花」の暗記は完了**したことになります。

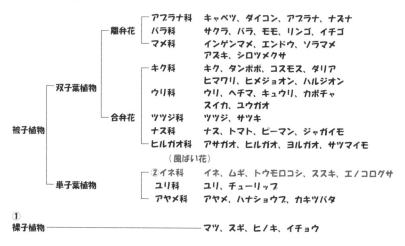

まずは、**イネ・ムギ・トウモロコシ**を、リズムで一気に覚えましょう。とても身近な植物なのに、覚えるだけで得点につながるのですから、ありがたいことですね。

イネ	ムギ	トウモロコシ

1 秒以内で言えるようになったら、**ススキ・エノコログサ**を追加してください。

ススキ	エノコログサ

「ウリ科」の植物はとても身近ですが、これも役に立ちます。**「単性花」**だからです。「ウリ科」の植物を覚えてしまえば、「単性花」の暗記は完了したことになります。

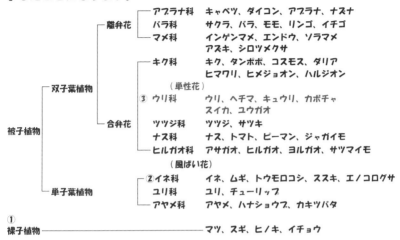

```
                    ┌── アブラナ科   キャベツ、ダイコン、アブラナ、ナズナ
              ┌離弁花├── バラ科      サクラ、バラ、モモ、リンゴ、イチゴ
              │     └── マメ科      インゲンマメ、エンドウ、ソラマメ
              │                      アズキ、シロツメクサ
              │     ┌── キク科      キク、タンポポ、コスモス、ダリア
       ┌双子葉植物    │               ヒマワリ、ヒメジョオン、ハルジオン
       │      │           （単性花）
       │      │   ③ ウリ科      ウリ、ヘチマ、キュウリ、カボチャ
       │      └合弁花│               スイカ、ユウガオ
被子植物 │          ├── ツツジ科    ツツジ、サツキ
       │          ├── ナス科      ナス、トマト、ピーマン、ジャガイモ
       │          └── ヒルガオ科   アサガオ、ヒルガオ、ヨルガオ、サツマイモ
       │                 （風ばい花）
       └単子葉植物  ┌②イネ科      イネ、ムギ、トウモロコシ、ススキ、エノコログサ
                  ├── ユリ科     ユリ、チューリップ
                  └── アヤメ科    アヤメ、ハナショウブ、カキツバタ
①
裸子植物 ──────────────────────── マツ、スギ、ヒノキ、イチョウ
```

まずは、**ウリ・ヘチマ・キュウリ・カボチャ・スイカ**を一気に覚えてください。実の形から、「ウリ科」は分かりやすいでしょう。

ウリ　　　　　ヘチマ　　　　　キュウリ

カボチャ　　　　スイカ

最後に**ユウガオ**を覚えて、風ばい花・単性花の暗記は完了しました。

ユウガオ

【優先順位4】

ユウガオが出たので、ついでに。残りの**アサガオ・ヒルガオ・ヨルガオ**は、「ヒルガオ科」ですから、覚えてしまいましょう。

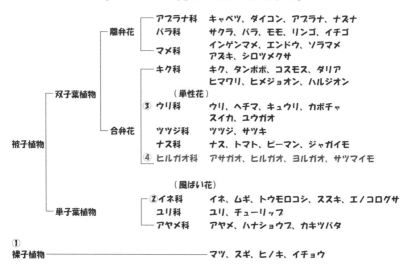

アサガオ　　　ヒルガオ　　　ヨルガオ

あと、**サツマイモ**も「ヒルガオ科」なので、覚えましょう。

サツマイモ

サツマイモが出たので、次に身近なジャガイモの仲間である、「ナス科」の**ナス・トマト・ピーマン・ジャガイモ**を覚えましょう。ナス・トマト・ピーマンは、種の様子が似ているので、分かりやすいですね。

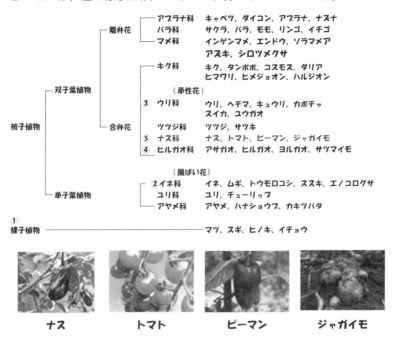

	離弁花	アブラナ科	キャベツ、ダイコン、アブラナ、ナズナ
		バラ科	サクラ、バラ、モモ、リンゴ、イチゴ
		マメ科	インゲンマメ、エンドウ、ソラマメア アズキ、シロツメクサ
双子葉植物		キク科	キク、タンポポ、コスモス、ダリア ヒマワリ、ヒメジョオン、ハルジオン
		（単性花）	
被子植物	合弁花	③ ウリ科	ウリ、ヘチマ、キュウリ、カボチャ スイカ、ユウガオ
		ツツジ科	ツツジ、サツキ
		⑤ ナス科	ナス、トマト、ピーマン、ジャガイモ
		④ ヒルガオ科	アサガオ、ヒルガオ、ヨルガオ、サツマイモ
		（風ばい花）	
単子葉植物		② イネ科	イネ、ムギ、トウモロコシ、ススキ、エノコログサ
		ユリ科	ユリ、チューリップ
		アヤメ科	アヤメ、ハナショウブ、カキツバタ
① 裸子植物			マツ、スギ、ヒノキ、イチョウ

ナス　　トマト　　ピーマン　　ジャガイモ

【すべてを覚える方法】

念のため優先順位を伝えましたが、以下では単純にすべて覚える方法を解説します。「毎日ふれるものは、自然に覚えてしまう」という脳の仕組みを利用するのです。

がんばらない！

脳の仕組みを利用して効率よく

全部で51種類ですから、1ヶ月ほどあれば覚えることができるでしょうが、ここで重要なことは**「がんばらない」**ということ。**1日に5〜10分以上は使わない**でください。**それ以上を使っても、どうせ忘れるので時間のムダ**ですよ！

1日目に、5〜10分で、最初からできる範囲で覚えます。一生けんめいやる必要はありません。ボーっとながめる程度です。

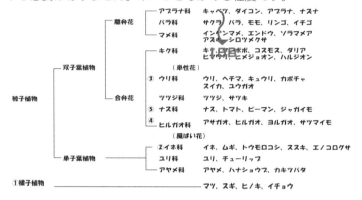

2日目には、その続きを覚えます。

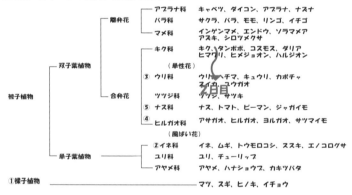

3日目・4日目と続きを覚えていき、最後までいったら元に戻ります。

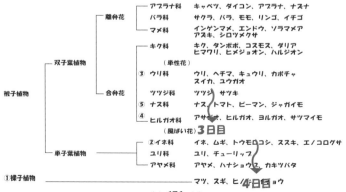

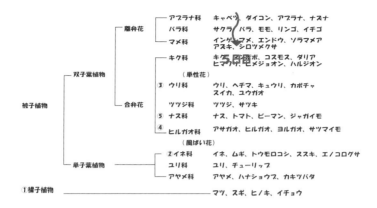

元に戻ったときには、**たぶん１つも覚えていない**でしょうが、普通の人ならそれが当たり前。かまわず同じことを続けてください。

３往復しても、まったく覚えていないでしょう。かまわず続けます。何回かくりかえすうちに、１つか２つくらいを覚えていることに気づくはずです。

さらにくり返すうちに、２つが３つに、さらに４つ５つと増えていきます。**学習というものは、時間がたつほど加速**していくものです。

覚えられない人は、最初の２週間ほどで止めてしまうから。「やっぱり無理……」と思って、あきらめてしまいます。**もう少し続ければ自然に覚えられるのに、もったいない**ことです。

要するに、**毎日５〜10分ほどの時間を使ってふれ続けることで、いつの間にか覚えてしまいます**ので、気楽にやってください。たった51個ですよ、努力など必要ありません。

参考1 ６年生の夏休みが大きな区切り

【中学受験までの日程と優先順位】

学年に関係なく、**「６年生の夏休み前までが大きな区切り」**だと考えて、目の前にあるテーマとじっくり向き合い、ひたすら基本を固めましょう。偏差値をアップする勉強法は何年生でも変わりませんので、第１章を参考にしてください。

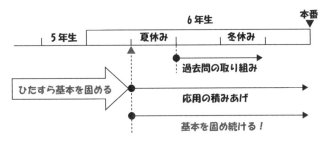

【６年生の夏休み前まで】

受験のことはまったく考えず、**ひたすら基本**を身につけてください。建物と同じで、基本が固まらなければ、上に積み上げることができません。夏休みに大きく飛躍するためにも、「夏休み前まで」に基本を固めてしまうことを、最大の目標とすべきです。

志望校の見学も、やる気を上げるために有効でしょう。

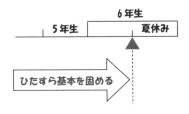

【6年生の夏休み終了まで】

どこまで基本を固めてきたかで、夏休みに大きく差がつきます。夏休みは勉強時間を多く取ることができるため、基本を固め終えた人は、応用問題によって急ピッチで実力を積み上げることができるからです。

まだ基本が固まっていない場合は、応用問題をしても積み上がりませんので、夏休みも基本を最優先にすべきです。時間はたっぷりありますから、**少なくとも夏休み中には基本を一通り固めてしまう**つもりで取り組みましょう。

【6年生の冬休み前まで】

「基本 → 応用」の優先順位は変わりません。

この時期、新たに加わるのが**「過去問への取り組み」**です。詳細は、「(参考3)過去問の取り組みかた」をごらんください。

【本番まで】

これまでにたくわえてきた実力を、あらためて1つ1つ確認しながら、すべてを徹底的に「身につけて」いきます。

実力がついてくると、基本問題に対して「どうして、こうなるんだっけ?」と、シンプルな疑問を持つことがあります。これは、とても大事なことです。

その疑問を解決して、自分の言葉で説明できるようになることによって、**さらに基本が固まっていきます。**「覚えていた状態」から「理解した状態」に変わるからです。

【本番】

次の項目「(参考2)実戦技術」を、ごらんください。

参考2 実戦技術

中学受験にかぎらず、試験では予想のつかないことが起きます。実力を100％出しきった場合と、そうでない場合とがあるからです。

つまり、合格点を取るために、実力とは別のものが求められるということ。それは、「実戦技術」です。普段の試験から、「実戦技術」の練習を重ねてください。

【実戦技術 その１ – 時間配分】
どんな試験でも、**満点を取る必要はありません。合格点を取れば良いのです。**合格と不合格を分けたのは、いったい何だったのでしょう？

それは決して、難問が解けたかどうか、ではありません。取るべき問題を、しっかり取ったかどうか、で決まるのです。**「取るべき問題」**とは、**基本問題**のこと。

合格者たちの意見をまとめると、進学した学校に関係なく全員が、合格のカギは**「基本を固めること！」**と助言します。そして、不合格だった生徒たちも、「もっと基本を固めておけばよかった！」と言うのです。

結局のところ、受験の分かれ道とは、**基本をどこまで固めることができたかどうか。**基本が固まらなければ、応用は積み上がりません。しかも、**応用より難しい問題には、本番で時間を使ってはいけない**のです。

本番での時間は、点を取るためだけに使いましょう。**時間を使うならば、正解する。結果的に正解できないなら、最初から時間を使わない。**

問題を見て、「これは解けそう」「これは無理」と判断しながら、点を取れる問題だけに時間を使う。それには、練習が必要です。

試験のあとで、最後の大問を解く時間がなかった、という人がいます。でも、家に帰ってやってみたら、簡単に解けた。だったら、試験中にやりましょう。

最初の大問から、順番にやる必要はありません。点を取れる問題からやるのです。**ふだんの試験から、本番に向けた時間配分の練習をするように、心がけてください。**

【実戦技術 その2 - 集中力】

頭に浮かべていただきたいのですが、**「集中」**と真逆の状態とは、どんな状態でしょうか。生徒たちからは、さまざまな答えが返ってきます。

生徒たちは、集中した状態を、何度も経験しているんです。特に、テレビを見ているときの集中力は、強力ですね。でも、あらためて集中した状態を聞かれても、覚えていません（あまりに集中してたから？）。

「集中」の真逆は、「緊張」です。**「最も集中した状態」とは、心も体も完全にリラックスしている状態。**

注意していただきたいのは、ここで言うリラックスとは、「だらけた」状態のリラックスではありません。気持ちは、時間が止まったかのように、張りつめています。でも、完全にリラックスしているのです。

このことは、さまざまな分野で、証明されています。

たとえば、**速読法**。本を読むスピードは、測定することができますから、簡単に証明できるわけです。ためしに、本を読むスピード（１分間あたりの文字数）を測定してみてください。

後ほど説明する集中法（**「ルーティン」**といいます）を、実行する前と後で、スピードのちがうことが分かります。**実行すると、あきらかにスピードがあがるのです。**

◎ 最も集中した状態とは？

「最も集中した状態」とは、心と体が完全にリラックスしながらも、気持ちは引きしまっていて、おだやかに相手（読書なら本、試験なら問題用紙）と向き合っている状態。これは、人間であるかぎり、すべての分野に共通しているでしょう。

受験本番が近づくと、「不安や心配」で、生徒からの相談が増えてきます。その状態こそが、まさに集中の敵なのです。

必要なのは、リラックス！

◎ 受験当日のルーティン

受験当日に、集中力を高めるための、「ルーティン」を説明します（ちなみに、読書のときも、同じ方法で効果が出ます）。ふだんの試験でも、習慣として行ってください。

自分の席にすわり、目の前で問題用紙が配られています。試験が始まるまで、**以下の手順で集中力を高めていきましょう。**

【1】まず、大きく深呼吸を3回ほどしてから、背筋を伸ばします。すべては、姿勢から。気を張りつめた状態で、真剣に試験と取り組むため、最初に正すのは姿勢です。

【2】体の力を抜きましょう。特に力が入りやすいのは肩なので、肩の力を抜くのが一番です。そのために、両肩を上げてから、ストンと下に落とします。

これを3回ほどくり返して、肩の力が抜けた状態へ。さらに、全身の力を抜いていきます。

【3】体の次は、心のリラックス。体の力を抜いたまま、目をつぶり、自分が最もリラックスできる状態を、イメージします（たとえば、お花畑の中にいるイメージ）。

リラックスしているのですから、うっすらと笑みさえ浮かんでいるはず。試験監督から見れば、不気味かもしれません。

【4】いま、体と心が、完全にリラックスした状態です。背筋は伸びて、気は張りつめています。

心の中で、「これから自分は、試験問題の世界に、100％集中する。試験問題のことだけを考える！」と静かに念じながら、目をつぶったまま、試験が始まるのを待ちましょう。

【5】試験が始まったら、そっと目をあけて、その状態のまま問題に取り組みます。

ふだんの試験でも、「実戦技術」を向上する練習をしてください。あとは、実力をつけるのみです。

中学受験の理科は、本番の前日まで、偏差値をアップすることができる科目です。「正しい勉強法」で、実力を身につけ続けましょう。

参考3 過去問の取り組みかた

【取り組むタイミング】

過去問を解き始めるタイミングは、非常に大事です。基本問題を解く力があまり身についていない状態で取り組むと、自信を失いかねません。遅すぎると、後に説明する目的を果たせなくなってしまいます。

解き始めのめやすとしては、6年生の夏休み後から冬休み前までと考えてください。過去問に取り組むまでは、何といっても**基本を固める**ことが最優先です。

最初から志望校の過去問に取り組むのではなく、**基本問題を中心に出題している学校から始める**と良いでしょう。科目に関係なく、過去問は**時間を計って本番のつもりで解きます。**

注意していただきたいのは、「問題」には大きく分けて2つの種類があるということです。1つは、演習を重ねることで力がつく問題。2つめは、実力を試すための問題。**入試問題は、実力を試すための問題**です。

【過去問に取り組む目的を、しっかりと定めましょう！】

過去問は実力を試すための問題ですから、**何度も解き直したからといって、力がつくものではありません。** 2つの目的を達成するだけのために時間を使い、それ以上の時間を使わないようにしてください。

【目的1】
志望校の出題傾向と問題文の特徴を知って、慣れる。

【目的2】
合格するために、自分が本番までに補強するべきテーマを知る。

本番で難問を解く必要はありませんから、**時間配分がねらい通りであったかどうか確認**します。そして、採点してみて**絶対に取るべき基本問題**を落としていた所があれば、そこは**必ず補強**すべきです。

過去5年分は、必ず取り組んでください。それより前の問題を解くときには、**【目的1・2】**から少し遠ざかっていると考えたほうが良いでしょう。

新しい順に解き始めるのがよいのか、古い順に解き始めるのがよいのか、どちらでも結構です。目的をしっかり定めて、自分が心地よい順番で取り組んでください。

理科は受験前日まで、偏差値をアップし続けることができます。過去問の取り組みも、本番の点数をアップするだけのために使いましょう。

参考4 「とき直し」をしないと……

ふだんの家庭学習は、次のような手順で進めていきます。

---

1 教材を読んで理解する。

2 演習問題を解く。

3 丸つけをする。

4 まちがえた所は、その理由と正解を調べる。

5 まちがえた問題をもう一度、解いてみる。

6 丸つけをする。

7 すべて自分の力で解けるようになるまで、4から6をくりかえす。これを『とき直し』と言います。

【Aさん】教材は読んだが、演習問題を解いていない。
【Bさん】演習問題は解いたが、丸つけをしていない。
【Cさん】丸つけまではしたが、「とき直し」をしていない。
【Dさん】「とき直し」までやった。

Dさんは、最初に自力で解けなかった問題を解けるようになったので、たしかに実力がアップしています。

では、A・B・Cさんのうち、**最も時間の損をしたのは誰**でしょうか？

それは【Cさん】です。

A・B・Cさんは教材を読み終えた時点で、一定の実力に達しているはずですね。しかし、3人とも「とき直し」まではやっていませんから、解けなかった問題を解けるようにはなっていません。

要するに、**3人の実力は変わらない**のです。いまの実力で解ける問題は解けるし、解けない問題は解けないでしょう。

実力が変わらない中で、最も時間を使ったのはCさんです。時間を使っていないのはAさん。ですから、「時間を損した順」に並べると、「Cさん・Bさん・Aさん」ということになります。

何を言いたいかというと、要するに**「とき直し」までやらないなら、演習に使った時間はすべてムダ**ですよ、ということです。

実力をつけるための学習法として、必ず「とき直し」までやる習慣を身につけましょう。

話は、さらに続きます。

1　教材を読んで理解する。
2　演習問題を解く。

「1　教材を読んで理解する」を、教材の理解度40％で終え、「2　演習問題を解く」にうつったとします。そして、「とき直し」もちゃんとやりました。その結果どうなるかといえば、試験では60％をまちがえるでしょうね。

もし、演習した問題と同じような視点で出題されれば、試験でも正解できるはずです。ところが、異なる視点から出題されると、40％しか正解できないでしょう。なぜなら、もともと理解度が40％だったのですから。

つまり、実力はテーマの理解度で決まるということ。しかも、**最重要ポイント**を身につけるかどうかで、大きな差になってくることでしょう。

■著者プロフィール■

東　荘一

京都大学航空工学科、東京大学大学院（航空学）、アクセンチュアを経て、教育業務を開始。

業界最大手の中学受験塾で、小学３〜６年生３千名以上の理科を担当。あらゆるタイプの生徒に対して、習熟度に応じた幅広い学習指導を行う。

主な著書　『中学受験理科　地頭の良い子に勝つ最後の授業』
　　　　　（エール出版社）

学習方法や各テーマの解説を行う、小学生向けサイト（偏差値アップの勉強法）を運営（以下のリンク）。
https://rikanojugyou.com

小学５・６年生対象
中学受験理科
地頭の良い子に勝つ
17 日間の授業

2020 年 10 月 5 日　　初版第 1 刷発行
2021 年 6 月 28 日　　初版第 2 刷発行
2022 年 3 月 24 日　　初版第 3 刷発行

著　者　東　荘　一
編集人　清　水　智　則
発行所　エール出版社
〒 101-0052　東京都千代田区神田小川町 2-12
信愛ビル 4 F
e-mail　info@yell-books.com
電　話　03(3291)0306
Ｆ Ａ Ｘ　03(3291)0310

小学5・6年生対象

中学受験理科
地頭の良い子に勝つ
最後の授業

【伝家の宝刀】力学・天体・化学計算の解法

最難関テーマには本質的な解法があります。

ブレなく最速で正解にたどりつく方法を公開‼

この方法を習得すれば、偏差値はかならずず上がる

ISBN978-4-7539-3515-4

東　荘一著　　　　　　　　　　◎本体 1500 円（税別）

中学受験国語
文章読解の鉄則

受験国語の **「文章読解メソッド」** を完全網羅！

難関中学の合格を勝ち取るには、国語こそ**「正しい戦略」**が不可欠です

国語の学習法を劇的に変える**「究極の一冊」**

第1章　中学受験の国語の現状
第2章　「読み方」の鉄則
第3章　「解き方」の鉄則
第4章　「鉄則」で難関校の入試問題を解く
第5章　中学受験　知らないと差がつく重要語句

井上秀和・著　　　　　◎本体 1600 円（税別）

ISBN978-4-7539-3323-5

中学受験国語の必須語彙 2800

ベストセラー『中学受験国語 文章読解の鉄則』の著者が放つ待望の第二弾！

文章読解のために欠かせない語彙が、すべて問題付きでスラスラと頭に入る！

重要度も A・B・C ランク分けで効率的に学習できる。中学受験国語学習のために絶対そばに置きたい 1 冊。

ISBN978-4-7539-3506-2

井上秀和・著　　　　　　　　　　　◎本体 2000 円（税別）

中学受験算数専門プロ家庭教師・熊野孝哉が提言する
難関校合格への 62 の戦略

● 開成中合格率 78％など、難関校入試で高い成功率を残す算数専門プロ家庭教師による受験戦略書。「マンスリーテスト対策を行わない理由」「開成向きの受験生と聖光向きの受験生」「公文式は中学受験の成功率を底上げする」「プラスワン問題集の効果的な取り組み方」「海陽（特別給費生）は最高の入試体験になる」など、難関校対策に特化した 62 の戦略を公開。

ISBN978-4-7539-3511-6

中学受験を成功させる
算数の戦略的学習法

● 中学受験算数専門のプロ家庭教師・熊野孝哉による解説書。開成、筑駒などの首都圏最難関校に高い合格率を誇る著者が中学受験を効率的・効果的に進めていくための戦略を合否の最大の鍵となる算数を中心に紹介。巻末には付録として「プレジデントファミリー」掲載記事などを収録。改訂 3 版

ISBN978-4-7539-3443-0

熊野孝哉・著　　　　　　　　●本体各 1500 円（税別）

中学受験国語
選択肢問題の徹底攻略

選択肢問題でもう迷わない！
選択肢問題の正しい解き方を完全伝授！

① 選択肢問題で間違いが多くて困っている。
② 選択肢問題がもっとできるようになりたい。
「本文がわかっているのに間違える」という選択肢問題をどうやって攻略するか、その技術を本書に網羅。

第1章　選択肢問題の解き方の技術
第2章　選択肢問題の四つのパターン
第3章　選択肢問題・演習編

ISBN978-4-7539-3505-5

中学受験国語
記述問題の徹底攻略

苦手な「規則性の問題」を何とかしたいあなたへ！
たった4つの記述パターンで書けるようになる！

　本書の目的は、中学受験国語の記述問題で、「何を書いたらいいのか」「どうやって書いたらいいのか」を理解し、解答をすらすら書けるようになることです。そのためにはまず、本書の〈第一章　記述問題の準備編〉と〈第二章　記述問題・パターン別の書き方〉を熟読してください。そしてその中に出てくる〈解答のルール〉と〈傍線部のルール〉、さらには「四つのパターン別の記述問題の書き方」を理解してください。ここまでを十分に身につけることが大切です。

ISBN978-4-7539-3460-7

若杉朋哉・著　　　　　　　●本体各 1500 円（税別）